Internationale Studie über die Bedeutung der Unternehmenbesteuerung für Investitionen

AF816696

Europäische Hochschulschriften
Publications Universitaires Européennes
European University Studies

Reihe V
Volks- und Betriebswirtschaft

Série V Series V
Sciences économiques, gestion d'entreprise
Economics and Management

Bd./Vol. 2712

PETER LANG
Frankfurt am Main · Berlin · Bern · Bruxelles · New York · Oxford · Wien

Claudia Hensberg

Internationale Studie über die Bedeutung der Unternehmenbesteuerung für Investitionen

PETER LANG
Europäischer Verlag der Wissenschaften

Die Deutsche Bibliothek - CIP-Einheitsaufnahme

Hensberg, Claudia:

Internationale Studie über die Bedeutung der Unternehmenbesteuerung für Investitionen /Claudia Hensberg. - Frankfurt am Main ; Berlin ; Bern ; Bruxelles ; New York ; Oxford ; Wien : Lang, 2000
(Europäische Hochschulschriften : Reihe 5, Volks- und Betriebswirtschaft ; Bd. 2712)
ISBN 3-631-36991-3

ISSN 0531-7339
ISBN 3-631-36991-3

© Peter Lang GmbH
Europäischer Verlag der Wissenschaften
Frankfurt am Main 2000
Alle Rechte vorbehalten.

Das Werk einschließlich aller seiner Teile ist urheberrechtlich geschützt. Jede Verwertung außerhalb der engen Grenzen des Urheberrechtsgesetzes ist ohne Zustimmung des Verlages unzulässig und strafbar. Das gilt insbesondere für Vervielfältigungen, Übersetzungen, Mikroverfilmungen und die Einspeicherung und Verarbeitung in elektronischen Systemen.

Vorwort

Ohne Zweifel beeinflussen Steuern unter sonst gleichen Umständen die Wahl von Investitionsstandorten und die örtliche Ansiedlung von Unternehmen. Da nun die fortschreitende Integration der Kapitalmärkte die Mobilität des Kapitals merklich erleichtert hat, hat sich der Steuersenkungswettbewerb der Nationalfiski scheinbar intensiviert. Es sieht so aus, als ob die Nationalfiski nur zwischen den beiden Menüs, Steuerwettbewerb oder Steuerharmonisierung, wählen könnten. Im ersten Fall werden die Kapitaleigner zunehmend weniger zur Finanzierung der materiellen und sozialen Infrastruktur beitragen. Im zweiten Fall vermindert sich der Druck auf die Fiski, die Steuern kosteneffizient zu verausgaben. Außerdem verlieren die nationalen, regionalen und lokalen Fiski die Steuersouveränität. Sie können nicht mehr den Präferenzen der Bürgerinnen und Bürger folgend Steuersätze autonom und flexibel festsetzen.
Die FinanzpolitikerInnen möchten sich vor der Menüwahl verständlicher Weise besser über die Konsequenzen der genannten Alternativen informieren. Konkret möchten sie u.a. wissen, wie genau Unternehmensteuern an den einzelnen Standorten definiert sind; ob sich die Investoren an den gesetzlichen oder effektiven Steuersätzen orientieren; ob und wie aussagekräftig sich effektive Steuersätze vergleichend ermitteln lassen; ob und inwieweit die räumliche Verteilung von Investitionen und die lokale Ansiedlung von Unternehmen tatsächlich von Steuersätzen beeinflußt wird; ob und inwieweit Ausgaben des Staates in die materielle und soziale Infrastruktur die Standortwahl beeinflussen.
Auf einige dieser Fragen (Relevanz der Steuersätze und Investitionsarten) konzentriert sich die vorliegende vergleichende Untersuchung für Großbritannien und Deutschland in der Zeit von 1977 bis 1996. Anhand der verfügbaren Daten läßt sich für Großbritannien kein statistisch gesicherter Zusammenhang zwischen Steuersatzvariationen und der Investitionstätigkeit feststellen. Für Deutschland wird ein statistisch gesicherter Zusammenhang zwischen dem gesetzlichen Steuersatz und den um ein Jahr verzögerten Netto- und Bruttoinvestitionen nachgewiesen. Wegen der Steuersatzreduktion im Jahr 1989/1990 während des Wiedervereinigungsbooms kann aber eine Scheinkorrelation auch nicht ausgeschlossen werden.
Die Nettoinvestitionsquote ist im Beobachtungszeitraum in Deutschland stets höher als in Großbritannien, obwohl der Regelsteuersatz (gesetzlicher Steuersatz auf thesaurierte Gewinne) in Deutschland immer höher ist als in Großbritannien. Diese Steuersatzdifferenz bewegt sich zwischen 4 und 21 Prozentpunkten. Die Differenz der um ein Jahr versetzten Investitionsquoten nimmt mit zunehmender Differenz des Regelsteuersatzes statistisch gesichert ab. Da sich aber für Großbritannien kein statistisch gesicherter Zusammenhang zwischen der Investitionstätigkeit und dem Regelsteuersatz nachweisen läßt, kann aus dieser Beobachtung

nicht geschlossen werden, daß Investoren den Standort Großbritannien dem Standort Deutschland aus steuerlichen Gründen vorgezogen haben. Die im Trend überproportionale Zunahme der Investitionen in Großbritannien läßt sich eher auf den Einfluß anderer Kosten- oder Ertragsfaktoren zurückführen. Unter Umständen haben Investitionsbeihilfen aus dem europäischen Kohäsionsfond die Investitionstätigkeit am Standort Großbritannien begünstigt.
Die (Diplom-)Arbeit der Autorin ist ein wichtiger Beitrag zur Versachlichung der Steuer-Standort-Diskussion. Die Ergebnisse belegen, daß die SteuerpolitikerInnen anhand der vorliegenden Fakten nicht angemessen beurteilen können, für welches Menü sie sich entscheiden sollen. Vor übereilten Schritten sind sie jedenfalls gewarnt.

Otto Roloff

Inhaltsverzeichnis

Verzeichnis der Tabellen

Verzeichnis der Abbildungen

Verzeichnis der Abkürzungen

Abs.	Absatz
ACT	Ausschüttungssteuer (advance corporation tax)
AO	Abgabenordnung
Aufl.	Auflage
bzw.	beziehungsweise
ca.	circa
CDU	Christlich-Demokratische Union (Deutschlands)
CSU	Christlich-Soziale Union
DBA-GB	Gesetz zu dem Abkommen zwischen der Bundesrepublik Deutschland und dem Vereinigten Königreich Großbritannien und Nordirland zur Vermeidung der Doppelbesteuerung und zur Verhinderung der Steuerverkürzung
d.h.	das heißt
DM	Deutsche Mark
einschl.	einschließlich
EK 01	Eigenkapitalposition für ausländische Einkünfte
erw.	erweiterte
EStG	Einkommensteuergesetz
ESVG	Europäische System Volkswirtschaftlicher Gesamtrechnungen
et al.	et alii
EUROSTAT	Statistisches Amt der Europäischen Gemeinschaften
FAZ	Frankfurter Allgemeine Zeitung
FDP	Freie Demokratische Partei (Deutschlands)
ff.	folgende
GewStG	Gewerbesteuergesetz
Hrsg.	Herausgeber
ICTA	Income and Corporation Taxes Act 1988
i.S.	im Sinne
i.V.m.	in Verbindung mit
Jg.	Jahrgang
KStG	Körperschaftsteuergesetz
neu bearb.	neu bearbeitete
neubearb.	neubearbeitete
Nr.	Nummer
OECD	Organisation for Economic Co-Operation and Development
OEEC	Organisation for European Economic Cooperation

S.	Seite
SNA	System of National Accounts
SPD	Sozialdemokratische Partei Deutschlands
u.a.	unter anderem
überarb.	überarbeitete
UN	United Nations
UStG	Umsatzsteuergesetz
vgl.	vergleiche

Verzeichnis der Symbole

Kapitel 3

α	Thesaurierungsquote
f	Rate (marginal relief fraction)
L	Untergrenze (lower limit)
t_A	Ausschüttungssteuersatz (advance rate on distributions)
t'_A	Grenzsteuersatz bei Vollausschüttung
$t'_{D,A}$	deutscher Grenzsteuersatz bei Vollausschüttung
$t'_{D,G}$	deutscher Grenzsteuersatz bei Teilausschüttung
$t'_{D,T}$	deutscher Grenzsteuersatz bei Vollthesaurierung
t'_G	Grenzsteuersatz bei Teilausschüttung
t_L	Steuersatz für kleine Körperschaften (small companies′ rate)
t_R	Regelsteuersatz
t_S	ermäßigter Steuersatz
t'_T	Grenzsteuersatz bei Vollthesaurierung
t_U	voller Steuersatz (full rate)
$t'_{UK,A}$	britischer Grenzsteuersatz bei Vollausschüttung
$t'_{UK,G}$	britischer Grenzsteuersatz bei Teilausschüttung
$t'_{UK,T}$	britischer Grenzsteuersatz bei Vollthesaurierung
T_Z	Steuerbetrag der mittleren Körperschaften
U	Obergrenze (upper limit)
x	Bemessungsgrundlage

Kapitel 5

α	Irrtumswahrscheinlichkeit für den Fehler 1. Art
β	Irrtumswahrscheinlichkeit für den Fehler 2. Art
H_0	Gegenhypothese
H_1	Hypothese
H^n_0	Gegenhypothese zur Hypothese über einen negativen Zusammenhang
H^n_1	Hypothese über einen negativen Zusammenhang
H^p_0	Gegenhypothese zur Hypothese über einen positiven Zusammenhang
H^p_1	Hypothese über einen positiven Zusammenhang
n	Umfang der Stichprobe
ρ	Korrelationskoeffizient der Grundgesamtheit
$r_{x,y}$	empirischer Korrelationskoeffizient

t	Zeitraum
t_{n-2}	Realisation einer t-verteilten Zufallsvariable mit n-2 Freiheitsgraden
$\underline{x}$	Merkmal
$\bar{x}$	Erwartungswert des Merkmals x
$\underline{y}$	Merkmal
$\bar{y}$	Erwartungswert des Merkmals y

Anhang 1,2,5,6 und 7

α	Thesaurierungsquote
A_T	abziehbare Ausschüttungssteuer bei Teilausschüttung
A_V	abziehbare Ausschüttungssteuer bei Vollausschüttung
D_B	Bruttodividende
D_N	Nettodividende
f	Rate (marginal relief fraction)
L	Untergrenze (lower limit)
t_A	Ausschüttungssteuersatz
$t_{D,A}$	deutscher Durchschnittssteuersatz bei Vollausschüttung
$t'_{D,A}$	deutscher Grenzsteuersatz bei Vollausschüttung
$T_{D,A}$	deutscher Steuerbetrag bei Vollausschüttung
$t'_{D,G}$	deutscher Grenzsteuersatz bei Teilausschüttung
$T_{D,G}$	deutscher Steuerbetrag bei Teilausschüttung
$t'_{D,T}$	deutscher Grenzsteuersatz bei Vollthesaurierung
$T_{D,T}$	deutscher Steuerbetrag bei Vollthesaurierung
t_L	Steuersatz für kleine Körperschaften (small companies´ rate)
t_R	Regelsteuersatz
t_S	ermäßigter Steuersatz
t_U	voller Steuersatz (full rate)
$t'_{UK,A}$	britischer Grenzsteuersatz bei Vollausschüttung
$T_{UK,A}$	britischer Steuerbetrag bei Vollausschüttung
$t'_{UK,G}$	britischer Grenzsteuersatz bei Teilausschüttung
$T_{UK,G}$	britischer Steuerbetrag bei Teilausschüttung
$t'_{UK,T}$	britischer Grenzsteuersatz bei Vollthesaurierung
$T_{UK,T}$	britischer Steuerbetrag bei Vollthesaurierung
U	Obergrenze (upper limit)
x	Bemessungsgrundlage
x_N	zu versteuernder Gewinn nach Thesaurierungssteuer

Anhang 12,14 und 16

α	Irrtumswahrscheinlichkeit
$H^n{}_0$	Gegenhypothese zur Hypothese über einen negativen Zusammenhang
$H^n{}_1$	Hypothese über einen negativen Zusammenhang
$H^p{}_0$	Gegenhypothese zur Hypothese über einen positiven Zusammenhang
$H^p{}_1$	Hypothese über einen positiven Zusammenhang
$r_{x,y}$	empirischer Korrelationskoeffizient
t	Zeitraum
$t_{17,\ \text{Wahrscheinlichkeit}}$	Realisation einer t-verteilten Zufallsvariable mit 17 Freiheitsgraden
$t_{18,\ \text{Wahrscheinlichkeit}}$	Realisation einer t-verteilten Zufallsvariable mit 18 Freiheitsgraden

1 Einleitung

Die Bedeutung der Unternehmenbesteuerung für Investitionen ist ein Thema, dem heutzutage viel Beachtung geschenkt wird. Dementsprechend groß ist die Zahl der Publikationen, die sich damit auseinandersetzen. Aufgrund der unterschiedlichen Vorgehensweisen der einzelnen Autoren existiert aber auch eine Vielfalt von Ergebnissen. Mit dieser Arbeit soll nun das Hauptaugenmerk auf den Erkenntnisweg gerichtet werden. Daher wird bei der Untersuchung insbesondere die Aussagekraft der zur Verfügung stehenden Methoden und Daten kritisch hinterfragt, sowie die Probleme der eigenen Untersuchung herausgearbeitet. In dieser Arbeit wird eine empirische makroökonomische Methode gewählt, wodurch natürlich die Stärken und Schwächen nur dieser Vorgehensweise aufgezeigt werden können. Um eine exakte Betrachtung durchzuführen, ohne dabei den Rahmen der Arbeit zu sprengen, wird das Untersuchungsfeld dieser Studie auf die beiden Länder Deutschland und Großbritannien begrenzt.

1.1 Die aktuelle Diskussion in Politik und Medien

„Sinn und Zweck einer jeden Steuerreform in Deutschland sollten investitionsfreundliche steuerliche Rahmenbedingungen sein“[1]. Mit diesem Satz wird u.a. der Gesetzentwurf zum Steuerentlastungsgesetz 1999/2000/2002 in einem Artikel der FAZ kommentiert. Dieser Aussage, wie nahezu allen Ausführungen in anderen Artikeln diverser Zeitungen zu diesem Thema, liegt die Annahme zugrunde, daß eine Beziehung zwischen Unternehmenbesteuerung und Investitionen vorliegt. Die Presse stellt einen solchen Zusammenhang in der Regel als zweifelsfreie Tatsache hin. Insofern behandelt sie diese Annahme wie ein Naturgesetz, das unumstößlich gilt. Ebenso scheint in der Politik - und zwar unabhängig von der Parteizugehörigkeit - wenig Zweifel daran zu bestehen, daß die Steuerpolitik einen Einfluß auf Investitionen hat. So begründeten einige Abgeordnete der CDU/CSU ihren Gesetzentwurf von 1988 zum Investitionsförderungsgesetz wie folgt: „Die Investitionsschwäche der deutschen Wirtschaft soll möglichst bald überwunden und damit die Schaffung neuer, produktiver Arbeitsplätze angeregt werden. [...] Ziel des Gesetzentwurfes ist ein Sofortprogramm als Zwischenschritt zur dringend notwendigen Entlastung bei der Unternehmensbesteuerung“[2]. Die FDP konkretisiert diese Hypothese, indem sie in einem ihrer Parteiprogramme folgende Behauptung aufstellt: „Die hohen Steuersätze [...] mindern die Risikobereitschaft und wirken sich negativ auf Investitio-

---

1 Frankfurter Allgemeine Zeitung (1999a).

2 Deutscher Bundestag (1988, S. 2).

nen, Wachstum und Beschäftigung aus"[1]. Aber nicht nur die Oppositionsparteien CDU/CSU und FDP nehmen diesen Zusammenhang als gegeben an. So schlagen auch SPD und Bündnis 90/Die Grünen in ihrem Gesetzentwurf zum Steuerentlastungsgesetz 1999/2000/2002 die Entlastung der Unternehmen durch Verringerung ihrer Steuerbelastung zur Verbesserung von Wachstum und Beschäftigung durch Stärkung der Investitionskraft vor[2]. Darüber hinaus enthält das sogenannte Schröder-Blair-Papier Ausführungen, die eine Relevanz der Unternehmenbesteuerung für die Investitionshöhe voraussetzen: „Moderne Sozialdemokraten erkennen an, daß Steuerreformen und Steuersenkungen unter den richtigen Umständen wesentlich dazu beitragen können, ihre übergeordneten gesellschaftlichen Ziele zu verwirklichen. So stärken Körperschaftsteuersenkungen die Rentabilität und schaffen Investitionsanreize"[3]. Häufig wird des weiteren unterstellt, daß nicht der effektive Steuersatz, sondern lediglich der formale Steuersatz oder sogar nur der formale Satz bei Thesaurierung von inländischen Einkünften, der für den am häufigsten existierenden Körperschaftstyp gilt, für die Investitionsentscheidung ausschlaggebend ist[4]. So wird beispielsweise in einem Artikel der FAZ die Meinung vertreten, daß „ausländische Investoren sich an einem plakativen Steuersatz orientieren und nicht an einem Wirrwarr von allerlei trickreich zu ergatternden Gestaltungsmöglichkeiten"[5]. Gerade in diesem Zusammenhang, aber auch generell, wird immer wieder Großbritannien als Vorbild angeführt, da es sich hierbei um ein Land mit niedrigen formalen bzw. effektiven Steuersätzen handle[6]. Angesichts des Bildes, das Presse und Politik zeichnen, scheint es äußerst wichtig, die Beziehung zwischen Steuern und Investitionen auf ihre Stichhaltigkeit hin zu untersuchen oder aber, falls dieses nicht möglich ist, zumindest die propagierte Unerschütterlichkeit dieser Hypothese zu überprüfen. Daher werden in dieser Arbeit die Thesen von Presse und Politik einer eingehenden Untersuchung unterzogen.

1.2 Gliederung der Arbeit

Nach dieser kurzen Einführung in die Thematik (Kapitel 1) werden im Kapitel 2 Überlegungen angestellt, welche Steuern überhaupt als Unternehmensteuern zu bezeichnen sind. In dieser Arbeit wird dann exemplarisch die Körperschaftsteuer

---

[1] Friedrich-Naumann-Stiftung (1990, S. 427).
[2] Vgl. Deutscher Bundestag (1998, S. 1 - 2), Süddeutsche Zeitung (1999a).
[3] Handelsblatt (1999), Frankfurter Allgemeine Zeitung (1999b).
[4] Vgl. Friedrich-Naumann-Stiftung (1990, S. 426), Frankfurter Allgemeine Zeitung (1999a), Frankfurter Allgemeine Zeitung (1999c), Süddeutsche Zeitung (1999b).
[5] Barbier (1999).
[6] Vgl. beispielsweise Friedrich-Naumann-Stiftung (1990, S. 426), Frankfurter Allgemeine Zeitung (1999a), Süddeutsche Zeitung (1999b).

herausgegriffen und den weiteren Ausführungen zugrunde gelegt. Um die Vergleichbarkeit der Körperschaftsteuersubjekte beider Länder zu prüfen, wird Kapitel 3 mit einigen Erläuterungen zur Körperschaftsteuerpflicht in Deutschland und in Großbritannien begonnen. Daran anschließend erfolgt in Unterkapitel 3.2 die Berechnung der formalen Grenzsteuersätze und in Unterkapitel 3.3 der Versuch, die effektive Körperschaftsteuerbelastung zu ermitteln. Im nachfolgenden Kapitel 4 wird die Investitionstätigkeit der Unternehmen betrachtet. Welche Investitionen dabei in die Untersuchung einzubeziehen sind, soll an deren Fähigkeit zur Förderung der gesamtwirtschaftlichen Ziele festgemacht werden. In Unterkapitel 4.1 wird zunächst erläutert, weshalb bei der Abgrenzung der relevanten Investitionen eine Orientierung an der internationalen Wettbewerbsfähigkeit nicht möglich ist. Daher werden die Ziele Wirtschaftswachstum und Vollbeschäftigung herangezogen (Unterkapitel 4.2). Nachdem idealtypisch die zur Verfolgung dieser Ziele bedeutsamen Investitionsarten herausgearbeitet wurden (Unterkapitel 4.2.1), wird überprüft, inwieweit diese Arten überhaupt statistisch erfaßt werden (Unterkapitel 4.2.2). In Unterkapitel 4.3 wird dann die Entwicklung der Investitionen aufgezeigt.
In Kapitel 5 werden nun Steuern und Investitionen gemeinsam betrachtet. Hierzu werden in Unterkapitel 5.1 die Thesen von Presse und Politik und die in der finanzwissenschaftlichen Literatur über die Zusammenhänge zwischen Steuern und Investitionen vorgestellt. Diese werden mit Hilfe der in Unterkapitel 5.2 erläuterten Methoden und nach einer Diskussion der sich aus ihnen oder aus dem Datenmaterial ergebenden Probleme dann in Unterkapitel 5.3 untersucht. Dabei werden die Thesen zunächst anhand der Daten für Deutschland (Unterkapitel 5.3.1) und für Großbritannien (Unterkapitel 5.3.2) getrennt und dann im Ländervergleich (Unterkapitel 5.4) einer Überprüfung unterzogen. In Kapitel 6 wird schließlich das Fazit der Arbeit gezogen.

2 Die Unternehmenbesteuerung

Um die Thesen von Presse und Politik diskutieren zu können, muß zunächst der Untersuchungsgegenstand abgegrenzt werden. In der Literatur haben sich unterschiedliche Vorstellungen darüber entwickelt, welche Steuerarten der Unternehmenbesteuerung zuzuordnen sind, weshalb zu bestimmen bleibt, wie Unternehmensteuern definiert werden sollen[1]. Der Begriff „Unternehmensteuer" setzt sich aus zwei Teilen zusammen, die für sich genommen einer Erläuterung bedürfen.
In Deutschland werden Steuern durch die Legaldefinition der Abgabenordnung definiert. Danach sind Steuern „Geldleistungen, die nicht eine Gegenleistung für

[1] Vgl. Roloff et al. (1994, S. 7).

eine besondere Leistung darstellen und von einem öffentlich-rechtlichen Gemeinwesen zur Erzielung von Einnahmen allen auferlegt werden, bei denen der Tatbestand zutrifft, an den das Gesetz die Leistungspflicht knüpft; die Erzielung von Einnahmen kann Nebenzweck sein. Zölle und Abschöpfungen sind Steuern im Sinne dieses Gesetzes"[1]. Für Großbritannien existiert keine entsprechende Definition durch den Gesetzgeber. In der britischen Steuerliteratur werden Steuern charakterisiert als „a payment to central government, calculated by laid down rules, for which nothing specifically usable by that taxpayer alone is transferred"[2]. Diese leicht unterschiedliche Bestimmung des Begriffs in den beiden Ländern führt dazu, daß in Großbritannien in der Regel die Sozialversicherungen zu den Steuern gerechnet werden, in Deutschland hingegen nicht[3]. In dieser Arbeit wird der engeren der beiden Definitionen gefolgt, nämlich der Legaldefinition der Abgabenordnung.

Im deutschen und im britischen Steuerrecht gibt es keine einheitliche Definition von Unternehmen, an die man anknüpfen könnte. Daher ist bei der Festlegung des Begriffs auf die Zweckmäßigkeit für das Thema abzustellen. In bezug auf die Besteuerung ist ein Unternehmensbegriff, der nur die Institution berücksichtigt, zu eng, da dann eine Vielzahl von Vorgängen im Unternehmen, die der Besteuerung unterliegen, ausgeklammert werden[4]. Möchte man das Unternehmen nebst allen mit ihm verbundenen Steuertatbeständen erfassen, so sind zwei Ebenen zu berücksichtigen[5]. Zum einen ist die Institution selbst und die an sie direkt anknüpfende Steuerpflicht zu beachten. Zum anderen darf aber auch nicht die Ebene der Eigentümer außer acht gelassen werden, an der weitaus häufiger die Steuerpflicht ansetzt[6].

Nach Klärung der beiden Teilbegriffe, lassen sich die Unternehmensteuern definieren als diejenige Steuerarten, die ein Unternehmen belasten[7].

2.1 Die Belastung der Unternehmen mit Steuern

Welche Steuerarten nun die Unternehmen belasten, bedarf einer genaueren Betrachtung. Ein möglicher Ansatzpunkt stellt diesbezüglich die Steuerzahlung dar. Dabei muß beachtet werden, daß diese auf verschiedene Weise zu einer Belastung führen kann: zum einen durch den Betrag, der an das Finanzamt ge-

---

[1] § 3 Abs. 1 AO.
[2] Pritchard / Murphy (1989, S. 1).
[3] Vgl. Brümmerhoff (1996, S. 221), Pritchard / Murphy (1989, S. 1), The Stationery Office (1998, S. 61).
[4] Vgl. Henselmann (1994, S. 15).
[5] Vgl. Henselmann (1994, S. 15).
[6] Vgl. Popp (1983, S. 30), Rose (1973, S. 30).
[7] Vgl. Roloff et al. (1994, S. 201).

zahlt wird, und zum anderen auch durch die Personal- und Sachkosten, die durch die mit der Steuerzahlung verbundenen Vorgänge wie Deklaration und gerichtliche Auseinandersetzung entstehen [1]. Sieht man von den mit der Zahlung verbundenen Kosten ab, so stellt nicht jede Steuerzahlung, die das Unternehmen an das Finanzamt leisten muß, für dieses eine Belastung dar. Es erfolgen nämlich auch Zahlungen, die für andere Steuerpflichtige einbehalten und abgeführt werden. Auf diese Weise erhobene Steuern werden also nur aufgrund des speziellen Erhebungsverfahren - dem sogenannten Quellenabzug - von den Unternehmen gezahlt[2]. Die Steuer trägt nach dem Willen des Gesetzgebers hingegen der eigentlich Steuerpflichtige.

Aber auch Steuern, bei denen das Unternehmen Steuerschuldner ist, belasten dieses nicht zwangsläufig. Eine Belastung liegt nur vor, wenn der Steuerpflichtige auch Steuerträger ist. Um Steuern nicht tragen zu müssen, können zahlreiche Handlungen in Abhängigkeit von gewissen Bedingungen vorgenommen werden. Erstens kann das Unternehmen dem steuerpflichtigen Tatbestand auf legale Weise ausweichen, soweit dieses im Rahmen der jeweiligen Steuersysteme möglich ist[3]. Die Steuerausweichung führt zwar prinzipiell zu einer Reduktion der gezahlten Steuer, erfolgt aber dennoch nicht ohne zusätzliche Belastung, da mit ihrer Durchführung meistens Kosten einhergehen[4]. Auf die Steuerbelastung nach erfolgter Ausweichung kann somit nicht nur aufgrund der gesetzlichen Steuerregelungen geschlossen werden, sondern es müssen auch andere Faktoren beachtet werden, die nicht durch die einzelnen Steuerarten allein festgelegt sind.

Eine weitere Möglichkeit der Unternehmen, sich der Belastung mit Steuern zu entledigen, besteht in der Steuerüberwälzung. Ob eine Überwälzung gelingt, wird jedoch nicht allein durch die Steuerart bestimmt, sondern hängt auch von der Situation am Markt und der eigenen Position innerhalb des Marktes ab[5]. Faktoren, die diese Möglichkeiten determinieren, sind u.a. die Wettbewerbsverhältnisse, die Konjunkturlage, die Faktormobilität sowie die Substituierbarkeit von besteuerten und unbesteuerten Faktoren[6]. Darüber hinaus ist zu beachten, daß sich Überwälzungsmöglichkeiten prinzipiell allen Wirtschaftssubjekten eröffnen können, wodurch Unternehmen auch zum Träger von Steuern werden können, bei denen sie nicht Steuerschuldner sind[7]. Es läßt sich daher nicht allein

---

[1] Vgl. Wöhe (1991, S. 7).
[2] Vgl. Nowotny (1996, S. 310).
[3] Vgl. Zimmermann / Henke (1990, S. 200).
[4] Es sind beispielsweise folgende Kosten zu berücksichtigen: Bei der räumlichen Steuerausweichung können mit der Verlagerung des Standortes Kosten einhergehen und bei der zeitlichen können Kosten der Kapitalbindung für die Lagerzeit entstehen. Vgl. Graf (1999, S. 129).
[5] Vgl. Wöhe (1991, S.19).
[6] Vgl. Zimmermann / Henke (1990, S. 206), Peffekoven (1996, S. 72).
[7] Vgl. Peffekoven (1996, S. 71 - 72).

aufgrund der Steuerart festlegen, inwieweit Unternehmen nach dem Überwälzungsprozeß noch mit bestimmten Steuern belastet sind.
Eine dritte Möglichkeit für die Unternehmen, ihre Steuerbelastung zu reduzieren, liegt in der Steuerhinterziehung. Hierbei wird der steuerliche Tatbestand weiter realisiert, aber trotz der Erklärungspflicht in der Steuererklärung nicht angegeben[1]. Für das Unternehmen besteht der Unterschied zur Steuerausweichung u.a. darin, daß die Reduzierung der Steuerbelastung auf dem Wege der Steuerhinterziehung mit Unsicherheit behaftet ist[2]. Für den Fall, daß das Unternehmen unentdeckt bleibt, kann eine Verringerung der Zahlung erreicht werden. Wird die Verheimlichung jedoch aufgedeckt, so wird dem Unternehmen eine Strafe auferlegt, die in der Regel den eingesparten Steuerbetrag überkompensiert[3]. Die Ungewißheit, ob durch die Steuerhinterziehung die Belastung reduziert werden kann oder nicht, ist jedoch von der Steuerart teilweise unabhängig. Sie wird von Faktoren wie beispielsweise der Effizienz der Ahndung bestimmt[4].

2.2 Abgrenzungskriterien für Unternehmensteuerarten

Wie sich also gezeigt hat, lassen sich die Steuerarten, die die Unternehmen belasten, nicht ohne weitere Annahmen über Sachverhalte außerhalb des Steuerrechts ermitteln. Um dennoch eine Selektion der zu betrachtenden Steuern vornehmen zu können, wird im weiteren auf folgende Kriterien abgestellt: Grundsätzlich werden nur die bedeutendsten Steuerarten in die Betrachtung einbezogen. Dabei wird eine Steuerart als bedeutend angesehen, wenn ihre Einnahmehöhe mehr als 5 % des gesamten Steueraufkommens in einer Periode ausgemacht hat. Zu den Unternehmensteuern werden ferner nur Steuern gezählt, bei denen das Unternehmen Steuerschuldner ist. Daher werden Belastungen ausgeklammert, die dadurch entstehen, daß Steuern für einen anderen Steuerpflichtigen abgeführt werden. Des weiteren bleiben Steuern, die auf die Unternehmen überwälzt werden und bei denen diese kein Steuerschuldner sind, unberücksichtigt. Als weiteres Kriterium wird der Wille des Gesetzgebers, welche Steuern vom Unternehmen getragen werden sollen, herangezogen[5]. Entsprechend diesem Kriterium gehören zur Unternehmensteuer nur Steuerarten, bei denen das Unternehmen Steuerdestinatar ist. Insofern werden die zu berücksichtigenden Steuern

---

[1] Vgl. Graf (1999, S. 138 - 139).
[2] Vgl. Blankart (1998, S. 231).
[3] In den beiden zu betrachtenden Ländern sind zur Bekämpfung von Steuerhinterziehung Geld- und / oder Gefängnisstrafen vorgesehen. Vgl. Hancock (1995, S. 18), Becker (1990, S. 163).
[4] Vgl. Nowotny (1996, S. 474).
[5] Vgl. Lammerding (1993, S. 29).

durch die Hinterziehungsmöglichkeiten nicht eingegrenzt, da diese aufgrund ihres illegalen Charakters als vom Gesetzgeber nicht gewollt einzustufen sind. Anders verhält es sich hingegen mit der legalen Variante, nämlich der Steuerausweichung. Diese ist zwar bezüglich des fiskalischen Ziels unerwünscht, kann aber zur Realisierung anderer Ziele beabsichtigt sein[1]. Dabei kann die Absicht des Gesetzgebers aber nicht darin bestehen, daß eine Steuerart gänzlich durch Ausweichung umgangen wird. Würde der Gesetzgeber nämlich darauf abstellen, daß alle zur Steuerzahlung einer bestimmten Steuerart führenden Handlungen ganz unterbunden werden und somit keine entsprechende Steuer mehr zu zahlen ist, so handelt es sich ohnehin nicht um eine Steuer, da das Einnahmeziel nicht einmal mehr Nebenzweck ist. Somit kann bei keiner Steuerart lediglich aufgrund der eventuell vom Gesetzgeber gewünschten Ausweichmöglichkeiten die Zugehörigkeit zu den Unternehmensteuern verneint werden. Letztlich werden dann aber nur solche Steuerarten nicht zu den Unternehmensteuern gerechnet, bei denen der Gesetzgeber eine Überwälzung auf andere Wirtschaftssubjekte beabsichtigt. Diesbezüglich ist zu beachten, daß die Selektion der zur Unternehmensteuer zu zählenden Steuerarten nicht auf den tatsächlichen Überwälzungsmöglichkeiten beruht. Dies ist dadurch bedingt, daß nicht der Steuerträger, sondern nur der Steuerdestinatar Berücksichtigung findet. Faktoren, die vom Gesetzgeber nicht beachtet werden, die aber den Überwälzungsprozeß bestimmen, bleiben also bei der Untersuchung außen vor. Falls die Zahl der Steuerarten dann immer noch zu groß für den Rahmen dieser Arbeit sein sollte, werden schließlich diejenigen Steuerarten ausgewählt, bei denen ausschließlich Unternehmen Steuerschuldner sein können.

2.3 Die Besteuerung der Unternehmen in Deutschland

Betrachtet man zunächst das Steueraufkommen und den jeweiligen Anteil der einzelnen Steuerarten daran, so zeigt sich, daß in Deutschland zwischen 1977 und 1997 nur sechs Steuerarten zu mehr als 5 % in einer oder mehreren Perioden zum Gesamtaufkommen beigetragen haben (vgl. Abbildung 1). Bei diesen bedeutendsten Steuerarten handelt es sich um die Einfuhrumsatzsteuer, Mineralölsteuer, Umsatzsteuer, Einkommensteuer, Körperschaftsteuer und Gewerbesteuer (einschl. Lohnsummensteuer). Bei all diesen Steuern können auch Unternehmen Steuerschuldner sein[2].

---

[1] Vgl. Peffekoven (1996, S. 71).

[2] Vgl. Zimmermann / Henke (1990, S. 158 -163), § 1 EStG, § 1 KStG, § 13 Abs. 2 UStG, § 5 GewStG.

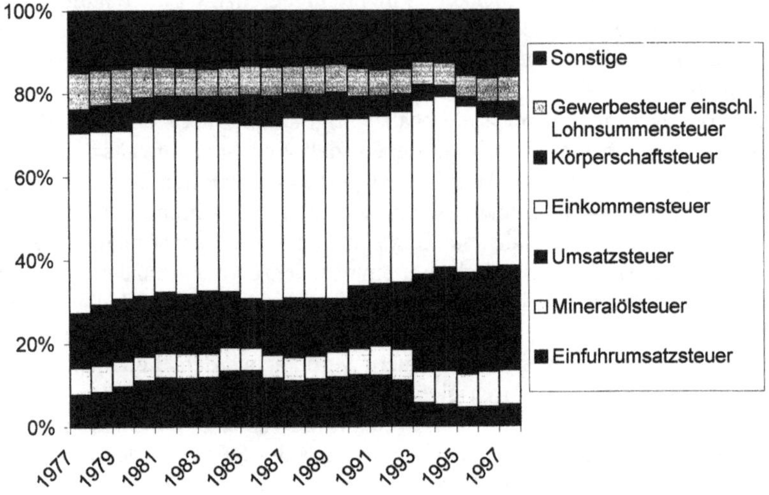

Abbildung 1: Anteil der Steuern am Gesamtaufkommen in Deutschland[1]

Wie in Unterkapitel 2.2 festgelegt, werden all diejenigen Steuern nicht als Unternehmensteuern bezeichnet, bei denen der Gesetzgeber eine vollständige Überwälzung beabsichtigt. Diese Intention ist bei allen Verbrauchsteuern (u.a. Einfuhrumsatzsteuer, Mineralölsteuer) gegeben[2]. Die Umsatzsteuer ordnet der Gesetzgeber zwar den Verkehrsteuern zu, sieht sie aber in ihrer wirtschaftlichen Wirkung als eine Verbrauchsteuer an und hält sie daher für ebenfalls überwälzbar[3]. Letztlich ist das Unternehmen dann nur noch bei der Einkommensteuer, der Körperschaftsteuer und der Gewerbesteuer Steuerdestinatar. Greift man die Steuern heraus, bei denen ausschließlich Unternehmen Steuerschuldner sind, so bleiben als reine Unternehmensteuern die Gewerbesteuer und die Körperschaftsteuer.

---

[1] Vgl. Bundesministerium der Finanzen (1998, S. 245 - 253) und eigene Berechnungen. Ab 1990 werden die Zahlen für das Bundesgebiet des vereinigten Deutschlands herangezogen.

[2] Vgl. Bundesminister der Finanzen (1992, S. 39, 66 und 154), § 1 Abs. 1 Nr. 3 EG-Amtshilfe-Gesetz 1985, § 21 Abs. 1 UStG.

[3] Vgl. Bundesminister der Finanzen (1992, S. 38 und 146).

2.4 Die britische Unternehmenbesteuerung

Schaut man sich die bedeutendsten britischen Steuern an (siehe Abbildung 2), so ergibt sich ein anderes Bild als in Deutschland. In Großbritannien existierten und existieren nämlich wichtige Steuerarten, bei denen das Unternehmen gar nicht steuerpflichtig sein kann, und zwar die Kommunalabgabe der Haushalte (domestic rates), die Kopfsteuer (community charge) und die Grundsteuer (council tax). Bei der Kommunalabgabe der Haushalte handelt es sich um eine

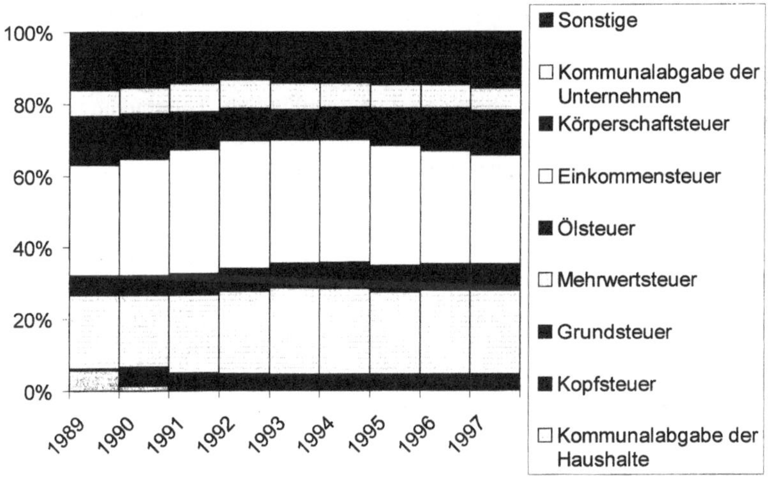

Abbildung 2: Beitrag der Steuerarten zum britischen Steueraufkommen[1]

Steuer, die am steuerbaren Wert des Vermögens der Haushalte ansetzt[2]. Diese wurde 1989 zunächst in Schottland und 1990 dann in ganz Großbritannien abgeschafft und durch die Kopfsteuer ersetzt[3]. Bei der Kopfsteuer wird jeder Er-

[1] Leider existiert in Großbritannien keine Statistik von den Ministerien, in der alle Steuereinnahmen enthalten sind. Eine Gesamtübersicht über die Steuereinnahmen wird durch das neue System der britischen Volkswirtschaftlichen Gesamtrechnungen geliefert. Da dieses System aber erst seit 1998 angewandt wird, sind vor 1989 nur Daten von den Steuereinnahmen der Zentralen Regierung (central government) erhältlich. Vgl. The Stationery Office (1998, S. 60 – 61) und eigene Berechnungen.

[2] Vgl. Pointon / Spratley (1988, S. 258 - 259), Hills (1988, S. 46).

[3] Vgl. Sandford (1992, S. 120).

wachsene, der älter als 18 Jahre ist, von der Steuerpflicht erfaßt[1]. Diese Steuer wurde nur vier Jahre erhoben, da sie mit der Einführung der Grundsteuer, einer Art Vermögensteuer der Haushalte, aufgehoben wurde[2]. Entsprechend der in Unterkapitel 2.2 eingeführten Kriterien, wonach nur die Steuern ausgewählt werden, bei denen Unternehmen steuerpflichtig sein können, werden diese drei Arten nicht zu den Unternehmensteuern gezählt.
Die Mehrwertsteuer (value added tax) soll nach dem Willen der britischen Regierung nicht von den Unternehmen getragen werden. Die Regierung in Großbritannien geht davon aus, daß die Mehrwertsteuer auf den Endverbraucher überwälzt wird[3]. Gleiches unterstellt sie auch für alle Zollabgaben und Verbrauchsteuern (customs and excise duties), zu denen auch die Ölsteuer (hydrocarbon oils) gehört[4]. Bei den drei verbleibenden Steuerarten Einkommensteuer (income tax), Körperschaftsteuer (corporation tax), Kommunalabgabe der Unternehmen (non-domestic rates)) ist das Unternehmen dann Steuerdestinatar. Betrachtet man nur die Arten, bei denen ausschließlich Unternehmen steuerpflichtig sind, so werden den reinen Unternehmensteuern die Kommunalabgabe der Unternehmen und die Körperschaftsteuer zugeordnet[5].

3 Die Körperschaftsteuer in Deutschland und in Großbritannien

Wie sich in dem vorangegangenen Kapitel gezeigt hat, existieren sowohl in Deutschland als auch in Großbritannien einige Steuerarten, die unter den genannten Kriterien als Unternehmensteuer zu bezeichnen sind, deren umfassende Betrachtung aber den Rahmen dieser Arbeit sprengen würde. Daher wird die Körperschaftsteuer exemplarisch herausgegriffen und als Beispiel für eine bedeutende Unternehmensteuer den weiteren Untersuchungen zugrunde gelegt. Dadurch lassen sich keine Aussagen mehr über die gesamte Steuerbelastung von Unternehmen machen, sondern lediglich über die Belastung mit dieser speziellen Steuer. Auf der anderen Seite ermöglicht diese Beschränkung eine präzisere und tiefgreifendere Auseinandersetzung mit dem Thema. Da in dieser Arbeit u.a. das Ziel verfolgt wird, die eigenen und die ansonsten zur Verfügung stehenden Methoden und Daten kritisch zu beleuchten, ist eine hohe Präzision und damit auch eine Begrenzung der Untersuchung auf die Körperschaftsteuer unumgänglich.

---

[1] Vgl. Sandford (1992, S. 277).
[2] Vgl. Sandford (1992, S. 120 und 280).
[3] Vgl. Central Office of Information (1986, S. 11).
[4] Vgl. Pointon / Spratley (1988, S. 258).
[5] Vgl. Pointon / Spratley (1988, S. 258), Nellis / Parker (1992, S. 195).

Im folgenden wird daher untersucht, inwieweit die Körperschaftsteuer die Investitionstätigkeit der Unternehmen beeinflußt. Um diese Beziehung zu überprüfen, ist folgende Hypothese über das Entscheidungskalkül der Investoren zu testen: Die Investoren entscheiden - unter Berücksichtigung der jeweiligen Steuerlast - ob, wie, wann und wo sie eine Investition vornehmen möchten; für diese Entscheidung ziehen sie die Steuerbelastung vor und nach Tätigung einer Investition heran. Da hier eine makroökonomische Analyse durchgeführt werden soll, wird nicht die einzelne Entscheidung eines Investors betrachtet. Vielmehr wird nach einem Indikator gesucht, der die Differenz der Steuerbelastung vor und nach den Investitionen aller Investoren einer Volkswirtschaft ausdrücken kann.
Eine Größe, die als Indikator in Frage kommt, ist der Grenzsteuersatz. Dieser gibt Auskunft darüber, wie sich der Steuerbetrag verändert, wenn eine marginale Änderung der Bemessungsgrundlage vorliegt[1]. Auf seiner Basis wird daher der Frage nachgegangen, wie sich die Steuerbelastung aufgrund unterschiedlicher Handlungen entwickelt[2]. Somit kann mit seiner Hilfe beurteilt werden, inwieweit eine durch Investitionsentscheidungen veränderte Bemessungsgrundlage eine zusätzliche bzw. verringerte Steuerbelastung nach sich zieht.

3.1 Die Körperschaftsteuerpflicht

Bevor mit der Bestimmung der Grenzsteuersätze begonnen werden kann, muß zunächst geklärt werden, auf wessen Einkommen diese Sätze überhaupt angewendet werden. Hierzu wird die Körperschaftsteuerpflicht einer genauen Untersuchung unterzogen. Da in beiden betrachteten Ländern bei der Körperschaftsteuer der Steuerpflichtige zugleich Steuerdestinatar ist, kann dann auch ermittelt werden, wer nach dem Willen des Gesetzgebers die Körperschaftsteuerbelastung tragen soll. Des weiteren ist die Ermittlung dieser Steuerpflicht allein schon deshalb nötig, um festzustellen, ob sie in Deutschland und in Großbritannien äquivalenten Wirtschaftssubjekten auferlegt wird, so daß ein Vergleich möglich ist. Im folgenden wird daher untersucht, welche Körperschaften in welchem geographischen Gebiet durch die jeweiligen Landesgesetze von der Körperschaftsteuerpflicht erfaßt werden.
Die Körperschaftsteuer ist aus juristischer Sicht eine Personensteuer. Daher müssen zunächst einmal die Personen - genau genommen die Körperschaften - bestimmt werden, die von dieser persönlichen Steuerpflicht betroffen sind. In Deutschland umfaßt die unbeschränkte Körperschaftsteuerpflicht sämtliche juristischen Personen des privaten Rechts (Kapitalgesellschaften, Erwerbs- und

[1] Vgl. Graf (1999, S. 243).
[2] Vgl. Schneider (1990a, S. 167 - 168).

Wirtschaftsgenossenschaften, Versicherungsvereine auf Gegenseitigkeit, Sonstige), nichtrechtsfähige Personenvereinigungen und Vermögensmassen (Vereine, Anstalten, Stiftungen, andere Zweckvermögen) sowie Betriebe gewerblicher Art von juristischen Personen des öffentlichen Rechts[1]. Allerdings existieren unter den eben aufgezählten Körperschaften Ausnahmen. So unterliegen nichtrechtsfähige Personenvereinigungen und Vermögensmassen nur der Körperschaftsteuerpflicht, wenn sie nicht einkommensteuerpflichtig sind[2]. Daher haben Personengesellschaften keine Körperschaftsteuer zu entrichten. Des weiteren sind die in § 5 KStG erschöpfend aufgezählten, unbeschränkt steuerpflichtigen Körperschaften - wie beispielsweise Berufsverbände oder politische Parteien - von der Körperschaftsteuer befreit[3]. Sonstige Körperschaften, die nicht von der unbeschränkten Steuerpflicht erfaßt werden, sind mit den inländischen Einkünften, von denen ein Steuerabzug vorzunehmen ist, beschränkt steuerpflichtig[4]. Insbesondere sind hiervon die inländischen Körperschaften des öffentlichen Rechts wie Bund, Länder und Gemeinden betroffen[5]. In Großbritannien haben juristische Personen oder nichtrechtsfähige Vereinigungen Körperschaftsteuer zu zahlen[6]. Ausnahmen liegen nur insoweit vor, daß Ortsbehörden und Vereinigungen von Ortsbehörden sowie - analog zu Deutschland - Personengesellschaften von der Steuerpflicht ausgenommen sind[7].

Sowohl im deutschen als auch im britischen Steuerrecht finden sich Regelungen, die zwischen im Inland ansässigen und nicht im Inland ansässigen Körperschaften unterscheiden. So ist eine inländische Körperschaft nach den Gesetzesbestimmungen beider Länder unbeschränkt steuerpflichtig. Eine ausländische Körperschaft hingegen unterliegt nur dann der beschränkten Steuerpflicht, wenn sie in Deutschland eine Betriebsstätte oder einen ständigen Vertreter in Deutschland hat bzw. in Großbritannien mit einer Zweigniederlassung oder Handelsvertretung am britischen Wirtschaftsleben teilnimmt[8]. Ob eine Körperschaft im Inland ansässig ist, wird sowohl in Deutschland als auch in Großbritannien anhand des Ortes der Geschäftsleitung beurteilt[9]. Als alternatives Kriterium wird in Deutschland auf den Ort des Sitzes abgestellt[10]. In Großbritannien entscheidet seit dem 15.3.1988 außerdem die Tatsache, ob die Körperschaft im Inland ge-

---

[1] Vgl. Zenthöfer / Leben (1998, S. 9), § 1 Abs. 1 KStG.
[2] Vgl. § 3 Abs. 1 KStG.
[3] Vgl. Zenthöfer / Leben (1998, S. 11).
[4] Vgl. § 2 Nr. 2 KStG.
[5] Vgl. Knief (1997, S. 26).
[6] Vgl. Section 6 Subsection 1 ICTA 1988, Section 832 Subsection 1 ICTA 1988.
[7] Vgl. Nellis / Parker (1992, S. 195), Section 832 Subsection 1 ICTA 1988.
[8] Vgl. Knief (1997, S. 25), § 1 und 2 KStG, Hancock (1995, S. 224 - 225), Section 11 Subsection 1 ICTA 1988.
[9] Vgl. Knief (1997, S. 20 - 21), § 10 AO, Nellis / Parker (1992, S. 198).
[10] Vgl. Knief (1997, S. 20 - 21), § 11 AO.

gründet bzw. inkorporiert wurde[1]. Entsteht aufgrund dieser Kriterien in beiden Staaten gleichzeitig eine unbeschränkte Körperschaftsteuerpflicht, so regelt das Doppelbesteuerungsabkommen zwischen Deutschland und Großbritannien, daß allein der Ort der Geschäftsleitung für die Bestimmung der Ansässigkeit maßgebend ist[2].
Es hat sich also gezeigt, daß es einige - jedoch nicht allzu gravierende - Unterschiede bezüglich der Steuerpflicht gibt. Dieser sollte man sich stets bei den folgenden Untersuchungen bewußt sein, um nicht dem Irrtum zu erliegen, die betrachteten Körperschaften der beiden Länder seien identisch definiert.

3.2 Die formale Grenzsteuerbelastung

Nimmt man an, daß die Bemessungsgrundlagen in den zu betrachtenden Ländern identisch sind, indem man die unterschiedlichen Gestaltungsmöglichkeiten dieser ignoriert, so kann man einen Tarifvergleich vornehmen[3]. Dieser läßt sich durch folgende Annahmen methodisch rechtfertigen: Zum einen kann unterstellt werden, daß die Investoren der Steuersatzillusion unterliegen und insofern den formalen Steuersatz für den einzigen Faktor halten, der die Höhe der Steuerzahlung bestimmt. Ein Argument für die Steuersatzillusion besteht darin, daß von den Steuersätzen eine erhebliche psychologische Wirkung ausgehen kann[4]. Möchte man kein irrationales Verhalten unterstellen, so kann zum anderen als Rechtfertigung vorgebracht werden, daß die Informationsbeschaffungs- und -verarbeitungskosten sehr hoch sein können, wodurch es für den Investor rational ist, sich nur auf die Betrachtung des Steuersatzes zu beschränken[5]. Inwieweit solche Situationen in Deutschland und in Großbritannien vorliegen, läßt sich schwer beurteilen. Daher soll auf den Tarifvergleich zunächst nicht verzichtet werden, jedoch daran anschließend der Versuch unternommen werden, auch die jeweiligen Bemessungsgrundlagen miteinzubeziehen.

3.2.1 Relevante Grenzsteuersätze bei inländischen Einkünften

Wie in Unterkapitel 3.1 bereits erläutert wurde, unterscheiden sich die Steuervorschriften für im Inland ansässige und nicht im Inland ansässige Körperschaften. Aus diesem Grund muß für die Berechnung der formalen Grenzsteuer-

[1] Vgl. Tirard / Chance (1994, S. 268), Wenz (1994, S. 967).
[2] Vgl. Kramer (1988, S. 247).
[3] Vgl. Langkau et al. (1989, S. 20).
[4] Vgl. Esser (1990, S. 168), Deutscher Bundestag (1998, S. 126).
[5] Vgl. Roloff et al. (1994, S. 3).

sätze eine Fallunterscheidung getroffen werden. Zu differenzieren ist, ob die Einkünfte in dem Land, in dem die Körperschaft ansässig ist, erzielt werden oder nicht. Daher werden zunächst die Grenzsteuersätze berechnet, die bei im Inland erzielten Einkünften gelten. In Unterkapitel 3.2.2 werden dann die für ausländische Einkünfte relevanten Grenzsteuersätze ermittelt.

3.2.1.1 Steuersätze bei Thesaurierung der Gewinne

Im britischen und im deutschen Steuerrecht werden zwei Fälle unterschieden: die Thesaurierung und die Gewinnausschüttung. Als erstes soll der Fall der Vollthesaurierung betrachtet werden, da hier in beiden Ländern eine Belastung mit Körperschaftsteuer entsteht. Daher wird zunächst unterstellt, daß der gesamte Gewinn thesauriert wird.
In Deutschland existiert für den betrachteten Zeitraum von 1977 bis 1998 ein ermäßigter Körperschaftsteuersatz (t_S) für bestimmte in § 23 Abs. 2 und 3 KStG aufgezählte Körperschaften und ein Regelsteuersatz (t_R) für alle übrigen[1]. Dieser Tarif hat sich im Zeitverlauf zwar in der Höhe, nicht aber in seiner Struktur geändert[2]. So sind beide Steuersätze proportional, weshalb der Durchschnittssteuersatz dem Grenzsteuersatz entspricht. Der Grenzsteuertarif bei Thesaurierung in Deutschland ($t'_{D,T}(x)$) läßt sich demnach mathematisch wie folgt beschreiben[3]:

$$(1) \qquad t'_{D,T}(x) = \begin{cases} t_S & \text{, für Körperschaften nach § 23 Abs. 2 und 3 KStG} \\ t_R & \text{, für alle übrigen Körperschaften,} \end{cases}$$

wobei x für die Bemessungsgrundlage steht.
Nachdem in Großbritannien und auch in einigen anderen europäischen Ländern die Steuersätze drastisch gesenkt wurden, reduzierte Deutschland ebenfalls von 1990 bis 1994 beide Sätze um insgesamt acht bzw. elf Prozentpunkte[4]. Diese Entwicklung der Grenzsteuersätze kann Abbildung 3 entnommen werden. Die in der Planung befindliche Steuerreform sieht darüber hinaus eine erneutes Absenken des Regelsteuersatzes um 5 Prozentpunkte auf 40 % vor[5].
Im Gegensatz zu den deutschen Steuersätzen, die stets für ein Kalenderjahr gelten, beziehen sich die britischen Körperschaftsteuersätze auf ein Fiskaljahr, das

---

[1] Vgl. Knief (1997, S. 65), § 23 Abs. 1 bis 3 KStG.
[2] Vgl. § 23 Abs. 1 und 2 KStG der Jahre 1977, 1990 und 1994.
[3] Zur genauen mathematischen Herleitung vergleiche Anhang 1 Punkt 1.
[4] Vgl. Leibfritz (1986, S. 3).
[5] Vgl. Deutscher Bundestag (1998, S. 114).

am 1. April beginnt und am 31. März des Folgejahres endet[1]. Das Fiskaljahr wird entsprechend britischer Konventionen mit der Jahreszahl des Kalenderjahres gekennzeichnet, in dem es beginnt. Somit ist beim Vergleich also zu berücksichtigen, daß die Steuersätze von Deutschland und Großbritannien, die in Abbildung 3 mit einer einheitlichen Jahreszahl gekennzeichnet sind, für unterschiedliche Zeiträume, und zwar einmal für das Kalenderjahr und einmal für das britische körperschaftsteuerliche Fiskaljahr gelten.

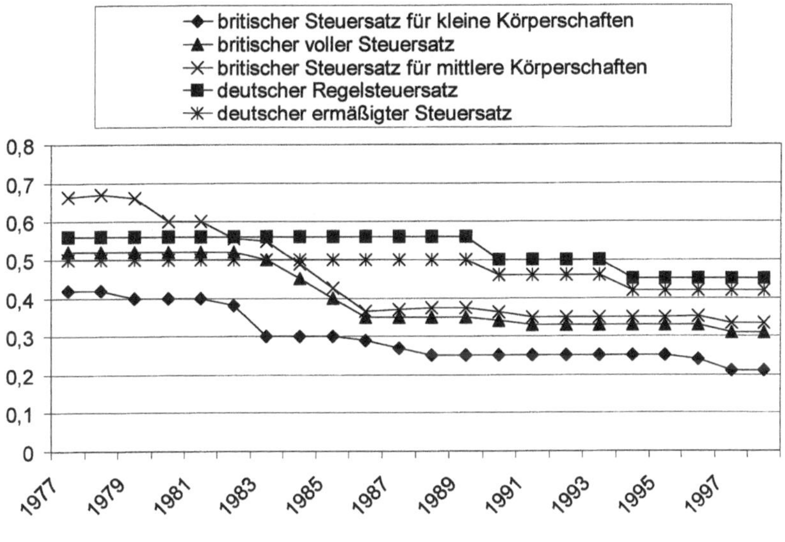

Abbildung 3: Grenzsteuersätze bei Thesaurierung im Vergleich[2]

In Großbritannien wird bezüglich des Steuersatzes keine Unterscheidung zwischen Körperschaftstypen getroffen. Dafür variiert dieser jedoch mit der Höhe der Bemessungsgrundlage[3]. Unterschreitet diese einen bestimmten Betrag (lower limit) (L), so ist der Steuersatz für kleine Körperschaften (small companies′

[1] Vgl. Zenthöfer / Leben (1998, S. 17), Tiley (1985, S. 653), Homer / Burrows (1987, S. 23).
[2] Vgl. § 23 Abs. 1 und 2 KStG der Jahre 1977, 1990 und 1994, The Stationery Office (1998, S. 170) und eigene Berechnungen. Die in der Abbildung abgetragenen Werte sind in Anhang 3 aufgeführt.
[3] Dies gilt u.a. nur, wenn es sich um eine britische Körperschaft handelt. Vgl. Section 13 Subsection 1 ICTA 1988.

rate) (t_L) anzuwenden[1]. Übertrifft sie ein oberes Limit (upper limit) (U) [2], so kommt der volle Satz (full rate) (t_U) zum Tragen[3]. Beide Steuersätze sind proportional, so daß die Grenzsteuersätze - wie beim deutschen Körperschaftsteuersystem - den jeweiligen Durchschnittssteuersätzen entsprechen. Im Zwischenbereich der beiden Beträge wird der Steuersatz durch Anwendung einer Funktion langsam angehoben[4]. Unter der Annahme, daß weder Kapitalgewinne noch Dividenden von anderen Körperschaften bezogen werden[5], berechnet sich die Höhe der Steuerzahlung in diesem Bereich ($T_Z(x)$) nach folgender Formel:

$$(2) \qquad T_Z(x) = x\,(t_U + f) - U f, \qquad \text{für } L \leq x \leq U,$$

wobei x die Bemessungsgrundlage und f eine für jedes Jahr neu festgesetzte Rate (marginal relief fraction) darstellt[6]. Leitet man Funktion 2 nach der Bemessungsgrundlage ab, so erhält man für den Zwischenbereich einen Grenzsteuersatz, der sich aus der Summe des vollen Satzes und der Rate ergibt. Somit setzt sich der Grenztarif der Körperschaftsteuer bei Vollthesaurierung in Großbritannien ($t'_{UK,T}(x)$) wie folgt zusammen[7]:

$$(3) \qquad t'_{UK,T}(x) = \begin{cases} t_L & \text{, für } x \leq L \\ t_U + f & \text{, für } L \leq x \leq U \\ t_U & \text{, für } x \geq U\,. \end{cases}$$

Großbritannien startete als eines der ersten Länder in Europa eine drastische Steuersatzsenkung, indem es im April 1979 mit der Senkung des Satzes für kleine Körperschaften begann, die ab April 1983 auch von einer Reduzierung des vollen Satzes begleitet wurde[8].

---

[1] Vgl. Tirard / Chance (1994, S. 274), The Stationery Office (1998, S. 170).

[2] Ist die Körperschaft in einen Konzern eingegliedert, so wird das jeweilige Limit durch die Anzahl der am Konzern beteiligten Körperschaften dividiert, um Mißbrauch zu verhindern. Vgl. Nellis / Parker (1992, S. 197).

[3] Vgl. Tirard / Chance (1994, S. 274).

[4] Vgl. Wesselbaum - Neugebauer (1994, S. 66 - 67).

[5] Ohne diese Prämisse würde die Höhe dieser Einkünfte in die Berechnung des Steuersatzes eingehen, die dann nicht mehr ohne weitere Annahmen über deren Betrag durchgeführt werden könnte. Treten Dividendenzahlungen von anderen Körperschaften bzw. Kapitalgewinne auf, so führen diese zu einer Reduktion des Grenzsteuersatzes in Abhängigkeit der Höhe dieser Einkünfte. Vgl. Homer /Burrows (1987, S. 23 - 24).

[6] Vgl. Pointon / Spratley (1988, S. 219), Tiley (1985, S. 659), Hancock (1995, S. 236 - 237), Section 13 Subsection 2 ICTA 1988 und eigene Berechnungen.

[7] Zur exakten mathematischen Bestimmung des Grenzsteuersatzes bei Thesaurierung siehe auch Anhang 2 Punkt 1.

[8] Vgl. The Stationery Office (1998, S. 170), Tirard / Chance (1994, S. 267).

Vergleicht man die in Abbildung 3 abgetragenen Steuersätze, so zeigt sich, daß die Grenzsteuersätze in Großbritannien überwiegend niedriger waren als die in Deutschland. Lediglich von 1977 bis 1983 bzw. 1984 wurden die britischen Grenzsteuersätze für große und mittlere Körperschaften von dem ermäßigten Steuersatz in Deutschland unterboten. Der deutsche Regelsteuersatz wurde hingegen nur von 1977 bis 1981 von dem britischen Grenzsteuersatz für mittlere Körperschaften übertroffen. Durch die Steuersatzsenkungspolitik Großbritanniens ab 1979 bzw. 1983 wurde der Abstand zwischen britischen und deutschen Grenzsteuersätzen auf mehr als zwölf Prozentpunkte vergrößert. Auch durch die Steuersatzsenkungen in Deutschland wurde dieser Unterschied nicht wesentlich reduziert, so daß auch heute noch die britischen Grenzsteuersätze bei Thesaurierung um mindestens acht Prozentpunkte geringer ausfallen als die deutschen.

3.2.1.2 Die Ausschüttungsbelastung

Für den Ausschüttungsfall existieren sowohl in Deutschland als auch in Großbritannien spezielle Regelungen. Deswegen bedarf es einer gesonderten Untersuchung der sich hierfür ergebenden Steuerbelastung. In diesem Unterkapitel wird daher der Grenzsteuersatz bei Vollausschüttung berechnet. Die Betrachtungen werden dazu auf den Fall der Ausschüttung an einen inländischen Anteilseigner begrenzt. Dabei soll von der Annahme ausgegangen werden, daß nur der Betrag an Körperschaftsteuer an den Anteilseigner übertragen werden kann, der bei diesem auf die entsprechende Ertragsteuer anrechenbar ist. Wird zumindest ein Teil der Körperschaftsteuer dem Anteilseigner angerechnet bzw. erstattet, so soll nach dem Willen des Gesetzgebers dieser Teil der Steuerlast in der Ausschüttung an den Anteilseigner weitergegeben werden, so daß die Körperschaft nicht mehr mit diesem belastet ist. Entsprechend der in Unterkapitel 2.2 festgelegten Kriterien wird auch hier nicht auf die tatsächliche Inzidenz eingegangen, sondern nur auf die vom Gesetzgeber intendierte. Daher kann die Steuerbelastung in der Realität durchaus von der hier berechneten abweichen, wenn die Prämissen des Gesetzgebers über die Überwälzungsvorgänge nicht zutreffen. Lediglich die nicht-anrechenbare Körperschaftsteuer wird deshalb im folgenden als Definitivbelastung der Körperschaft angesehen, da angenommen wird, daß sie nicht an den Anteilseigner übertragbar ist. Eine Definitivbelastung des Anteilseigners, der nach der Definition in Kapitel 2 auch zum Unternehmen gehört, kann nicht auftreten, weil ja unterstellt wird, daß an ihn nur die Körperschaftsteuer weitergegeben werden kann, die ihm vollständig angerechnet bzw. erstattet wird. Inwiefern bei Ausschüttung noch eine Definitivbelastung mit Körperschaftsteuer verbleibt, hängt nun von dem anzuwendenden Anrechnungsverfahren ab.

Beim deutschen Anrechnungsverfahren wird die Körperschaftsteuer voll auf die Einkommen- bzw. Körperschaftsteuerschuld angerechnet, so daß der Empfänger der Ausschüttung, sofern er anrechungsberechtigt[1] ist, lediglich mit der sich nach seinen persönlichen Verhältnissen ergebenden Einkommen- bzw. Körperschaftsteuer belastet ist[2]. Im Zuge dieses Anrechnungsverfahrens wird nämlich durch die Eigenkapitalrechnung die Ausschüttungsbelastung hergestellt, so daß letztlich die Körperschaftsteuer, die auf den Dividenden lastet, durch Anwendung des Ausschüttungssteuersatzes berechnet wird[3]. Der gesamte Betrag wird dann beim Anteilseigner auf die Einkommen- bzw. Körperschaftsteuerschuld angerechnet bzw. erstattet[4]. Somit entsteht bei Vollausschüttung in Deutschland keine Körperschaftsteuerlast, weshalb sowohl der Grenz- als auch der Durchschnittssteuersatz für diesen Fall Null betragen.

In Großbritannien wird die Doppelbelastung mit Hilfe eines Teilanrechnungsverfahrens verringert[5]. Durch dieses Verfahren wird nicht die gesamte Steuerbelastung durch Anrechnung aufgehoben, sondern nur ein gewisser Teil. So kann die Körperschaft einen bestimmten Betrag, die sogenannte Ausschüttungssteuer (advance corporation tax, ACT), von der eigentlichen Körperschaftsteuerschuld abziehen, wodurch eine Entlastung eintritt[6]. Die Höhe dieses Abzugs pro Fiskaljahr ist jedoch auf das sich - durch die Multiplikation des Ausschüttungssteuersatzes (advance rate on distributions) mit dem um die Ausschüttungssteuer verringerten körperschaftsteuerlichen Gewinn - ergebende Produkt begrenzt[7]. Entgegen einigen Behauptungen[8] wird der maximal abziehbare Betrag nicht immer bei Vollausschüttung erreicht, sondern in den meisten Fällen erst bei einer geringfügigen Überausschüttung[9]. Übersteigt die Höhe der Auschüttungssteuer diese Grenze, so darf die Differenz sechs Jahre zurück- und dann unbegrenzte Zeit vorgetragen werden, wobei jedoch wiederum die obige Beschrän-

---

[1] Anrechnungsberechtigt sind alle Körperschaften außer juristische Personen des öffentlichen Rechts nach § 2 Nr. 2 KStG, steuerbefreite Körperschaften i.S. des § 5 KStG und ausländische Anteilseigner nach § 1 Abs. 4 EStG und § 2 Nr. 1 KStG. Vgl. Thümler (1994, S. 30). Diese Körperschaften sollen jedoch bei der Betrachtung unberücksichtigt bleiben, da ihnen kein großer Anteil am gesamten Aufkommen der Körperschaftsteuer zukommt, die Untersuchung durch ihre Berücksichtigung jedoch erheblich komplizierter würde.

[2] Vgl. Sievert et al. (1989, S. 51), Rose (1997, S. 139), Thümler (1994, S. 27).

[3] Vgl. Zenthöfer / Leben (1998, S. 31).

[4] Vgl. Rose (1997, S. 160 - 161), § 49 Abs. 1 KStG, § 36 Abs. 2 Nr. 3 EStG, § 36 b EStG.

[5] Vgl. Wenz (1995, S. 360).

[6] Vgl. Section 239 Subsection 1 ICTA 1988.

[7] Vgl. Wenz (1994, S. 970).

[8] So wird beispielsweise folgende Aussage ganz allgemein getroffen: „ Die Verrechnung der ACT mit der Körperschaftsteuer ist auf den Betrag der ACT begrenzt, der bei einer Vollausschüttung des körperschaftsteuerpflichtigen Gewinns entstanden wäre." Thümler (1994, S. 167).

[9] Vgl. Herzig (1990, S. 25).

kung gilt[1]. Die abzuziehende Ausschüttungssteuer wird durch die Multiplikation des Ausschüttungssteuersatzes (t_A) mit der Nettodividende ermittelt, die sich wiederum aus der Differenz zwischen der Bruttodividende und der darauf entfallenen Körperschaftsteuer bei Thesaurierung ergibt[2]. Die Körperschaftsteuerschuld bestimmt sich - wenn die Beschränkung nicht überschritten wird, wie dieses bei Vollausschüttung der Fall ist - aus der Differenz der zunächst zu zahlenden Steuer bei Thesaurierung und der Ausschüttungssteuer. Bei Vollausschüttung erhält man dann also einen Grenzsteuertarif ($t'_{UK,A}(x)$), der sich wie folgt zusammensetzt[3]:

$$(4) \qquad t'_{UK,A}(x) = \begin{cases} t_L + t_A(t_L - 1) & \text{, für } x \leq L \\ (t_U + f) + t_A(t_U + f - 1) & \text{, für } L \leq x \leq U \\ t_U + t_A(t_U - 1) & \text{, für } x \geq U \,. \end{cases}$$

Auf der Ebene des Gesellschafters ist zu unterscheiden, ob es sich bei dem Gesellschafter um eine natürliche Person oder um eine Körperschaft handelt. Ist letzteres der Fall, so wird diese Körperschaft nicht zur Körperschaftsteuer herangezogen[4]. Allerdings verändert sich in Abhängigkeit der Dividendenhöhe der Grenzsteuertarif bei Thesaurierung von der - die Dividende erhaltenden - Körperschaft. Aus diesem Grunde wurde bei der Berechnung der Steuersätze in Unterkapitel 3.2.1.1 angenommen, daß gerade der Fall der Ausschüttung an eine Körperschaft nicht vorliegt. Tritt nun aber doch dieser ein, so ist der bisher berechnete Grenzsteuersatz bei Thesaurierung für mittlere Körperschaften nicht mehr gültig. Für seine Berechnung bedarf es einer genauen Bestimmung der Höhe der Dividenden an die Körperschaft. Diese Höhe läßt sich aber allenfalls für den Einzelfall ermitteln. Da in dieser Arbeit jedoch eine makroökonomische Untersuchung vorgenommen wird, ist diese Information unzureichend. Weil für die Berechnung des Grenzsteuersatzes bei Ausschüttung die Steuerbelastung bei Thesaurierung bekannt sein muß, stößt eine makroökonomische Analyse hier an ihre Grenzen. Deshalb werden die weiteren Ausführungen lediglich auf die Möglichkeit der Ausschüttung an eine natürliche Person beschränkt. Da bei der natürlichen Person die gesamte Ausschüttungssteuer angerechnet oder erstattet wird, entsteht bei ihr keine zusätzliche Belastung mit Körperschaftsteuer, so daß sie nur mit der nach ihren individuellen Verhältnissen errechneten Einkommensteuerschuld belastet ist[5]. Insofern entsteht bei Vollausschüttung an natürliche

---

[1] Vgl. Homer / Burrows (1987, S. 29), Section 239 Subsection 3 und 4 ICTA 1988.

[2] Vgl. Tirard / Chance (1994, S. 276), Wenz (1994, S. 971), Herzig (1990, S. 24).

[3] Die exakte mathematische Herleitung ist Anhang 2 Punkt 2 zu entnehmen.

[4] Vgl. Nellis / Parker (1992, S. 209).

[5] Vgl. Hancock (1995, S. 225 - 226).

Personen die in Gleichung (4) wiedergegebene und in Abbildung 4 veranschaulichte Grenzsteuerbelastung.

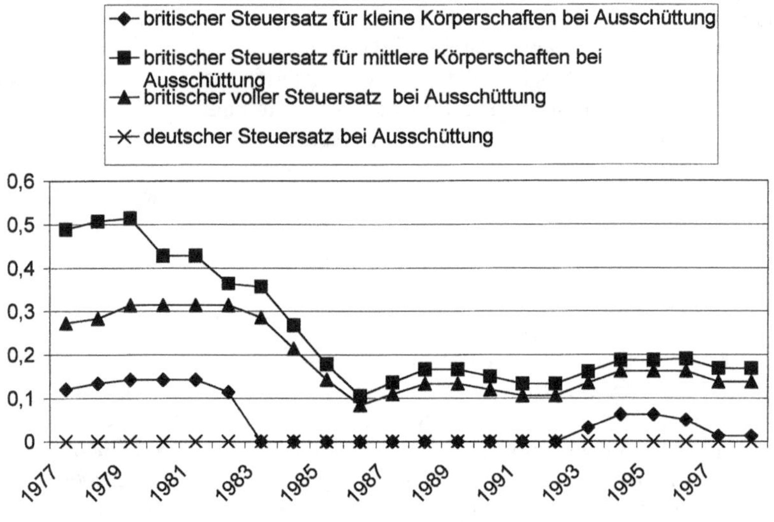

Abbildung 4: Die Grenzsteuersätze bei Vollausschüttung[1]

Es zeigt sich also, daß bei Vollausschüttung in Großbritannien - im Gegensatz zu Deutschland - meist eine Definitivbelastung verbleibt (siehe auch Abbildung 4). Anders als bei vollständiger Thesaurierung ist bei Vollausschüttung an eine natürliche Person der Grenzsteuersatz in Großbritannien höher oder gleich hoch wie der in Deutschland. Insofern kann aufgrund der bisherigen Ergebnisse nicht allgemein behauptet werden, daß in einem der beiden Länder generell ein niedrigerer Steuersatz vorliegt als in dem anderen.

3.2.1.3 Die Grenzsteuerbelastung bei Teilausschüttung

Berücksichtigt man nun, daß in der Praxis in der Regel weder eine Vollausschüttung noch eine Vollthesaurierung vorgenommen wird, sondern ein Teil des Gewinns thesauriert und der andere ausgeschüttet wird, so ist die Grenzsteuer-

[1] Vgl. The Stationery Office (1998, S. 170) und eigene Berechnungen. Die zugrundeliegenden Werte sind Anhang 4 zu entnehmen.

belastung hierfür zu errechnen[1]. Definiert man die Thesaurierungsquote (α) als Verhältnis von dem Betrag der Bemessungsgrundlage, der thesauriert wird, zur gesamten Bemessungsgrundlage (x), so läßt sich diese in einen thesaurierten und einen ausgeschütteten Teil untergliedern:

$$(5) \quad x = \alpha x + (1 - \alpha) x .$$

Da die Grenzsteuerbelastung bei Vollthesaurierung ($t'_T(x)$) und Vollausschüttung ($t'_A(x)$) bereits ermittelt wurde und diese linear sind, kann der Grenztarif bei Teilausschüttung ($t'_G(x)$) aus den - durch die beiden vorherigen Unterkapitel bekannten - Grenzsteuersätzen berechnet werden:

$$(6) \quad t'_G(x) = \alpha\, t'_T(x) + (1 - \alpha)\, t'_A(x).$$

Für Deutschland erhält man eine Grenzsteuerbelastung bei Teilausschüttung ($t'_{D,G}(x)$) in Höhe von[2]:

$$(7) \quad t'_{D,G}(x) = \begin{cases} t_S\, \alpha & \text{,für Körperschaften nach § 23 Abs. 2 und 3 KStG} \\ t_R\, \alpha & \text{,für alle übrigen Körperschaften .} \end{cases}$$

Somit hängt der deutsche Grenztarif der Körperschaftsteuer von der Thesaurierungsquote und dem jeweiligen Steuersatz bei Thesaurierung ab.
Für Großbritannien wird der Grenzsteuersatz bei Teilausschüttung wie folgt ermittelt[3]:

$$(8) \quad t'_{UK,G}(x) = \begin{cases} t_L + t_A\,(t_L - 1)(1 - \alpha) & \text{, für } x \leq L \\ (t_U + f) + t_A\,(t_U + f - 1)(1 - \alpha) & \text{, für } L \leq x \leq U \\ t_U + t_A\,(t_U - 1)(1 - \alpha) & \text{, für } x \geq U . \end{cases}$$

Die britische Grenzbelastung mit Körperschaftsteuer wird im Gegensatz zur deutschen nicht allein von der Höhe der Thesaurierungsquote und des Grenzsteuersatzes bei Thesaurierung, sondern auch von der Höhe des Ausschüttungssteuersatzes und der Rate bestimmt.
Auf der Basis der bisherigen Untersuchungen kann nun der Frage nachgegangen werden, in welchem der beiden Länder der Grenzsteuersatz für inländische Ein-

[1] Vgl. Roloff et al. (1994, S. 206).
[2] Eine vollständige mathematische Herleitung aus der Steuerbetragsfunktion bei Teilausschüttung ist in Anhang 1 Punkt 3 zusätzlich durchgeführt worden.
[3] Die mathematische Herleitung bei Teilausschüttung aus der Steuerbetragsfunktion wurde entsprechend der Vorschriften des ICTA in Anhang 2 Punkt 3 zusätzlich vorgenommen.

künfte geringer ist. Da alle Größen bis auf die Thesaurierungsquote bereits bekannt sind, muß diese, möchte man die Frage eindeutig beantworten, ermittelt werden. Hierfür müßte sowohl der thesaurierte Teil als auch die Bemessungsgrundlage selbst bekannt sein. Für ganze Volkswirtschaften, wie Deutschland und Großbritannien, sind diese Daten allerdings nicht erhältlich. Möchte man

Jahr	Kleine Körperschaften entsprechend § 23 Abs. 2 und 3 KStG	Mittlere Körperschaften entsprechend § 23 Abs. 2 und 3 KStG	Große Körperschaften entsprechend § 23 Abs. 2 und 3 KStG	Kleine Körperschaften der sonstigen Art	Mittlere Körperschaften der sonstigen Art	Große Körperschaften der sonstigen Art
1977	0,60	1	1	0,46	1	0,87
1978	0,63	1	1	0,49	1	0,88
1979	0,59	1	1	0,47	1	0,89
1980	0,59	1	1	0,47	1	0,89
1981	0,59	1	1	0,47	1	0,89
1982	0,49	1	1	0,39	0,99	0,89
1983	0	1	1	0	0,97	0,83
1984	0	0,96	0,81	0	0,79	0,66
1985	0	0,70	0,59	0	0,57	0,47
1986	0	0,44	0,36	0	0,35	0,29
1987	0	0,51	0,42	0	0,42	0,34
1988	0	0,57	0,47	0	0,47	0,39
1989	0	0,57	0,47	0	0,47	0,39
1990	0	0,61	0,5	0	0,52	0,43
1991	0	0,55	0,45	0	0,47	0,39
1992	0	0,55	0,45	0	0,47	0,39
1993	0,13	0,59	0,51	0,11	0,52	0,44
1994	0,27	0,73	0,64	0,24	0,65	0,58
1995	0,27	0,73	0,64	0,24	0,65	0,58
1996	0,22	0,74	0,64	0,19	0,66	0,58
1997	0,06	0,67	0,56	0,05	0,59	0,5
1998	0,06	0,67	0,56	0,05	0,59	0,5

Tabelle 1: Die Thesaurierungsquote α, von der an der deutsche Grenzsteuersatz höher ist[1]

sich aus diesem Grund durch eine Schätzung dem Wert der Thesaurierungsquote bzw. der Ausschüttungsquote nähern, wie dies beispielsweise Fuest / Kroker

[1] Vgl. The Stationery Office (1998, S. 170), § 23 Abs.1 und 2 KStG der Jahre 1977, 1990 und 1994 und eigene Berechnungen. Die Werte wurden entsprechend der in Anhang 5 dargestellten Formeln ermittelt.

versucht haben, so steht man vor zahlreichen weiteren Problemen. Abgesehen davon, daß die Summe aus Bilanzgewinn und Zuführung zu Rücklagen nur sehr grob als Maß für die Höhe der Bemessungsgrundlage dienen kann, benutzt die Quelle der Autoren für ihre Statistik nur Daten von Aktiengesellschaften, die mit Gewinn abgeschlossen haben[1]. Darüber hinaus sind nicht alle Aufzeichnungen von Körperschaften der Öffentlichkeit zugänglich, sondern nur die, die nach dem Gesetz veröffentlicht werden müssen oder freiwillig herausgeben werden[2]. Insofern läßt sich nur eine Schätzgröße für die Thesaurierungsquote ermitteln, die wenig aussagekräftig ist. Aus diesem Grund wird von einer Schätzung der Thesaurierungsquote abgesehen und der Vergleich in Abhängigkeit von der Quote als Variable vorgenommen.
Tabelle 1 enthält jeweils die Thesaurierungsquote, von der an der deutsche Grenzsteuersatz höher ist als der britische. Betrachtet man die Werte, so zeigt sich zunächst einmal, daß von 1977 bis 1983 für mittlere und große Körperschaften, die nach dem deutschen Gesetz mit dem ermäßigten Steuersatz zu belasten waren, sowie von 1977 bis 1981 für mittlere Körperschaften, auf die der deutsche Regelsatz anzuwenden war, unabhängig von der Höhe der Ausschüttung stets der deutsche Grenzsteuersatz geringer ausfällt als der britische. Des weiteren bleibt festzuhalten, daß von 1983 bis 1992 der britische Satz für kleine Körperschaften stets die deutschen Grenzsteuersätze unterbot. Darüber hinaus bietet sich insgesamt ein recht heterogenes Bild, da die Werte der Thesaurierungsquote die gesamte Bandbreite von 0 bis 1 abdecken.

3.2.2 Relevante Grenzsteuersätze bei ausländischen Einkünften

Die bisherigen Ergebnisse zur Grenzsteuerbelastung sind jedoch nur bei inländischen körperschaftsteuerpflichtigen Einkünften gültig. Erzielt eine Körperschaft hingegen ausländische Einkünfte, so gelten neben anderen nationalen Gesetzesvorschriften auch –soweit vorhanden - die zwischen den jeweils betroffenen Staaten ausgehandelten Doppelbesteuerungsabkommen[3]. Entsprechend der in Kapitel 1 vorgenommenen Begrenzung der Betrachtungen auf Deutschland und auf Großbritannien sind daher die sich speziell auf ausländische Einkünfte beziehenden deutschen und britischen Gesetzesregelungen sowie das deutsch-britische Doppelbesteuerungsabkommen zu berücksichtigen. Neben den bisher durchgeführten Berechnungen der Grenzsteuersätze, die für Körperschaften mit inländischen Einkünften relevant sind, müssen auf Basis dieser Gesetze und Abkommen die Grenzsteuersätze ermittelt werden, die gelten, wenn eine in

[1] Vgl. Fuest / Kroker (1987, S. 37).
[2] Vgl. Statistisches Bundesamt (1994, S. 6 - 9).
[3] Vgl. Heinsen (1997, S. 300), § 2 AO.

Deutschland ansässige Körperschaft britische Einkünfte erhält oder eine britische Körperschaft Einkünfte aus Deutschland bezieht.

3.2.2.1 Britische Einkünfte einer in Deutschland ansässigen Körperschaft

Erzielt eine deutsche Körperschaft britische Einkünfte, so sind diese bezüglich ihrer Entstehungsweise zu unterscheiden. Entstehen die Einkünfte nicht in einer Betriebsstätte, so bestätigt das deutsch-britische Doppelbesteuerungsabkommen das Besteuerungsrecht des Wohnsitzstaats[1]. Danach werden die Einkünfte aus dem Quellenland in diesem von der Besteuerung freigestellt, was hier konkret bedeutet, daß Großbritannien bei britischen Einkünften einer deutschen Körperschaft keine Körperschaftsteuer erhebt[2]. Dadurch unterliegen solche Einkünfte ausschließlich der deutschen Körperschaftsteuer, weshalb sie letztlich so behandelt werden, als wären sie in Deutschland erzielt worden. Von welcher Besteuerungshoheit die Einkünfte erfaßt werden, hängt also in diesem Fall nicht von dem Ort der Einkunftserzielung ab, sondern von dem Ort, an dem die Körperschaft ansässig ist. Insofern ist es für eine in Deutschland ansässige Körperschaft in bezug auf den Grenzsteuersatz unerheblich, ob die Einkünfte in Großbritannien oder in Deutschland erwirtschaftet werden, solange sie nicht in einer Betriebsstätte entstehen.

Unterhält die Körperschaft hingegen eine Betriebsstätte[3] in dem anderen Staat, so dürfen die weltweiten Einkünfte dieser Betriebsstätte auch vom Quellenstaat besteuert werden[4]. Da es aufgrund dieser Regelung zu einer Doppelbesteuerung käme, sind die Vorschriften zur Vermeidung dieser anzuwenden[5]. Deutschland gewährt zur Doppelbesteuerungsvermeidung grundsätzlich Steuerbefreiung der von Großbritannien besteuerten Einkünfte[6]. Insofern sind die britischen Einkünfte einer deutschen Körperschaft lediglich mit britischer Körperschaftsteuer belastet. Weil jedoch der Steuersatz für kleine und mittlere Körperschaften nur

---

[1] Vgl. Kramer (1988, S. 249), Rose (1999, S. 71).

[2] Vgl. Roloff et al. (1994, S. 68), Artikel III Abs. 1 Satz 1 DBA-GB, Jacobs et al. (1995, S. 251).

[3] In diesem Zusammenhang wird die Bedeutung des Begriffs „Betriebsstätte" ausschließlich durch die Vorschriften des Doppelbesteuerungsabkommens festgelegt. Abweichende nationale Definitionen verlieren ihre Gültigkeit. Vgl. Jacobs et al. (1995, S. 279), Heinsen (1997, S. 306). Unter einer Betriebsstätte wird nach Artikel II Abs. 1 (i) DBA-GB eine „feste Geschäftseinrichtung, in der die Tätigkeit des Unternehmens ganz oder teilweise ausgeübt wird" verstanden. Des weiteren wird diese Definition durch Aufzählungen von Positiv- und Negativbeispielen konkretisiert. Vgl. Artikel II Abs. 1 (ii) und (iii) DBA-GB.

[4] Vgl. Jacobs et al. (1995, S. 251 und 277), Artikel III Abs. 1 Satz 2 DBA-GB, Artikel III Abs. 3 DBA-GB.

[5] Vgl. Kramer (1988, S. 249).

[6] Vgl. Kramer (1988, S. 255), Artikel XVIII Abs. 3a Satz 1 DBA-GB.

von in Großbritannien ansässigen Körperschaften angewendet werden darf, sind diese Einkünfte mit dem vollen Satz zu belasten[1]. Bei Vollthesaurierung der britischen Einkünfte aus einer Betriebsstätte einer deutschen Körperschaft entspricht der Grenzsteuersatz also dem britischen vollen Steuersatz. In diesem Fall bestimmt also der Ort der Einkunftserzielung, ob die Grenzsteuerbelastung den Betrag des britischen vollen Steuersatzes oder den des deutschen Grenztarifs bei Thesaurierung annimmt (vgl. auch Tabelle 2).

Einkunfts-entstehung / Einkunfts-verwendung	Einkünfte, die in Deutschland erzielt werden	britische Einkünfte	
		aus einer britischen Betriebsstätte	sonstige
Vollthesaurierung in Deutschland	$t'_{D,T}$	t_U	$t'_{D,T}$
Vollausschüttung an deutsche Anteilseigner	$t'_{D,A}$	t_U	$t'_{D,A}$

Tabelle 2: Relevante Grenzsteuersätze einer deutschen Körperschaft

Die Betrachtung des Vollausschüttungsfalls wird - wie bereits in Unterkapitel 3.2.1.2 geschehen - unter der Annahme durchgeführt, daß nur die Steuerlast an den Anteilseigner weitergegeben werden kann, die bei diesem angerechnet bzw. erstattet wird. Ebenfalls wird wieder unterstellt, daß der Anteilseigner im Inland ansässig ist. Werden nun britische Einkünfte, die nicht aus einer Betriebsstätte in Großbritannien stammen, ausgeschüttet, so sind diese vor der Ausschüttung - wie die inländischen Einkünfte auch - entsprechend der tatsächlich angewandten Steuersätze auf die jeweiligen Eigenkapitalpositionen aufzuteilen. Im Zuge der Eigenkapitalrechnung wird dann bei Ausschüttung die Ausschüttungsbelastung hergestellt, die in voller Höhe dem anrechnungsberechtigten Anteilseigner erstattet bzw. angerechnet wird. Insofern entsteht, genau wie bei in Deutschland erzielten Einkünften, keine Körperschaftsteuerbelastung der Gesellschaft.
Werden jedoch Dividenden einer deutschen Körperschaft aus Einkünften einer britischen Betriebsstätte gespeist, so entsteht eine Definitivbelastung mit Kör-

[1] Vgl. Section 13 Subsection 1a ICTA 1988.

perschaftsteuer[1]. Für diesen Fall sind die britischen Einkünfte vor Ausschüttung lediglich mit dem britischen vollen Steuersatz belastet, da sie von der deutschen Steuer befreit sind. Diese Einkünfte werden nach § 30 Abs. 2 Nr. 1 KStG in die Eigenkapitalposition EK 01 eingestellt, wodurch ihnen - trotz der gezahlten britischen Steuer - eine Steuerbelastung von null zugeordnet wird[2]. Erfolgt nun die Ausschüttung, so war vor 1994 eine Körperschaftsteuererhöhung durchzuführen, um die Ausschüttungsbelastung herzustellen[3]. Nur diese Ausschüttungsbelastung wurde dem Anteilseigner[4] angerechnet, wobei die geleistete britische Körperschaftsteuer unberücksichtigt blieb[5]. Seit dem Standortsicherungsgesetz wird auf dieses Anrechnungsverfahren verzichtet[6]. Handelt es sich um einen unbeschränkt körperschaftsteuerpflichtigen Anteilseigner, dann wird die Steuerbegünstigung aufrechterhalten[7]. So ist die Ausschüttung von deutscher Körperschaftsteuer befreit und wird wiederum ins EK 01 eingestellt[8]. Da bei der Ausschüttung keine Besteuerung erfolgt, unterbleibt auch die Anrechnung[9]. Letztlich werden die Dividenden bei der Körperschaft dann so behandelt, als würden die Einkünfte direkt aus einer britischen Betriebsstätte bezogen. Wird diese Ausschüttung jedoch an eine natürliche Person gezahlt, so stellt diese beim Empfänger eine steuerpflichtige Einnahme dar, die der Einkommensteuer unterliegt, aber nicht mit deutscher Körperschaftsteuer belastet ist[10]. Daher ist auch keine Körperschaftsteueranrechnung vorzunehmen, so daß letztlich eine Belastung durch die britische Körperschaftsteuer bleibt[11].

Somit sind also von einer in Deutschland ansässigen Körperschaft ausgeschüttete Dividenden aus Einkünften britischer Betriebsstätten mit einem Grenzsteuersatz in Höhe des britischen vollen Steuersatzes belegt.

Es bleibt daher festzuhalten, daß Einkünfte einer deutschen Körperschaft aus einer Betriebsstätte in Großbritannien unabhängig von ihrer Verwendung mit dem britischen vollen Steuersatz belastet sind (vgl. Tabelle 2). In den übrigen Fällen werden die Einkünfte - ob britisch oder deutsch - identisch behandelt, so daß hierfür der Grenzsteuersatz ($t'_{D,G}$) gilt, der in Gleichung (7) festgehalten ist.

---

[1] Vgl. Thümler (1994, S. 111).

[2] Vgl. Thümler (1994, S. 118), Knief (1997, S. 125).

[3] Vgl. Thümler (1994, S. 118), Zenthöfer / Leben (1998, S. 37).

[4] In diesem Fall braucht nicht zwischen anrechnungsberechtigt und nicht-anrechnungsberechtigt unterschieden werden, da nach § 36 e EStG und § 52 KStG nicht-anrechnungsberechtigte Anteilseigner, die Körperschaftsteuererhöhung vergütet bekommen. Vgl. Thümler (1994, S. 36).

[5] Vgl. Lange / Reiß (1994, S. 511).

[6] Vgl. § 40 Satz 1 Nr. 1 KStG, Zenthöfer / Leben (1998, S. 37).

[7] Vgl. Jacobs et al. (1995, S. 289), § 8b Abs. 1 KStG.

[8] Vgl. Zenthöfer / Leben (1998, S. 38), Lange / Reiß (1994, S. 511), § 40 Satz 1 Nr.1 KStG.

[9] Vgl. Zenthöfer / Leben (1998, S. 38).

[10] Vgl. Zenthöfer / Leben (1998, S. 37).

[11] Vgl. Lange / Reiß (1994, S. 511), § 36 Abs. 2 Nr. 3 EStG.

Unterschiede in der Grenzsteuerbelastung bestehen bei einer deutschen Körperschaft demnach nur zwischen Einkünften aus einer britischen Betriebsstätte und

	Körperschaften nach § 23 Abs. 2 und 3 KStG	übrige Körperschaften
1977	1	0,93
1978	1	0,93
1979	1	0,93
1980	1	0,93
1981	1	0,93
1982	1	0,93
1983	1	0,89
1984	0,9	0,8
1985	0,8	0,71
1986	0,7	0,63
1987	0,7	0,63
1988	0,7	0,63
1989	0,7	0,63
1990	0,74	0,68
1991	0,72	0,66
1992	0,72	0,66
1993	0,72	0,66
1994	0,79	0,73
1995	0,79	0,73
1996	0,79	0,73
1997	0,74	0,69

Tabelle 3: Thesaurierungsquote, ab der der britische volle Satz geringer ist[1]

sonstigen Einkünften. Die Frage, welche Belastung geringer ist, läßt sich wiederum nur in Abhängigkeit von der Thesaurierungsquote beantworten. Tabelle 3 zeigt die Thesaurierungsquote, von der an der Grenzsteuersatz für Einkünfte aus einer britischen Betriebsstätte kleiner ist als der für andere Einkünfte. Es fällt auf, daß für den gesamten Zeitraum der britische volle Steuersatz einen höheren Wert als die deutschen Grenzsteuersätze annimmt, solange die Thesaurierungsquote 63 % nicht überschreitet. Handelt es sich um eine Körperschaft nach § 23 Abs. 2 und 3 KStG, so gilt dies sogar noch bis zu einer Quote von 70 %.

---

[1] Vgl. The Stationery Office (1998, S. 170), § 23 Abs.1 und 2 KStG der Jahre 1977, 1990 und 1994 und eigene Berechnungen. Für die Berechnung dieser Quoten siehe Anhang 6.

3.2.2.2 In Deutschland erzielte Einkünfte einer britischen Körperschaft

Wie bei deutschen Körperschaften bestätigt das Doppelbesteuerungsabkommen bei britischen Körperschaften, die ihre Einkünfte nicht in einer deutschen Betriebsstätte erzielen, das Besteuerungsrecht des Wohnsitzstaates[1]. Bezüglich der Grenzsteuersätze macht es dann - wie im vorherigen Kapitel erläutert - keinen Unterschied, in welchem der beiden Länder die Einkünfte entstehen, da die Grenzsteuerbelastung einzig und allein von der Regierung in Großbritannien festgelegt wird.

Unterhält eine britische Körperschaft hingegen eine Betriebsstätte in Deutschland, so dürfen deren Einkünfte auch von Deutschland besteuert werden. Um die Doppelbesteuerung zu vermeiden, werden die so gezahlten deutschen Steuern auf die britische Steuerschuld angerechnet[2]. Die Höhe der Anrechnung ist jedoch auf den Betrag der für die entsprechenden Einkünfte zu leistenden britischen Körperschaftsteuer begrenzt[3]. Das deutsche Steuerniveau kommt daher nur dann nicht zum Tragen, wenn es unter dem britischen liegt und daher die volle Anrechnung der deutschen Steuer erfolgt[4]. Dies ist immer dann der Fall, wenn der deutsche Durchschnittssteuersatz geringer als der britische ist. Da für kleine und große Körperschaften der Grenz- und der Durchschnittssteuersatz identisch sind, kann die Bedingung für diese anhand von Abbildung 3 überprüft werden. Darin ist abzulesen, daß die Voraussetzung nur bei großen Körperschaften nach § 23 Abs. 2 und 3 KStG von 1977 - 1983 erfüllt war.

Für mittlere Körperschaften muß den Überlegungen hingegen der Durchschnittssteuersatz, da er vom Grenzsteuersatz abweicht, oder die Steuerbetragsfunktion zugrundegelegt werden. Zu prüfen ist daher, inwiefern die britische Steuerbetragsfunktion für mittlere Körperschaften im Rahmen ihrer Gültigkeit ($L \leq x \leq U$) Werte annehmen kann, die höher als die anzurechnende deutsche Steuerschuld sind. Somit wird für den Betrachtungszeitraum von 1977-1997 für jedes Jahr folgende Ungleichung verifiziert oder falsifiziert:

$$(9) \qquad (t_U + f)\,x - U f \geq x\ t'_{D,T}, \qquad \text{wobei } L \leq x \leq U.$$

Führt man die Berechnung für die einzelnen Jahre durch, so findet man, daß die Bedingung lediglich von 1977 bis 1983 für Körperschaften nach § 23 Abs. 2 und

[1] Vgl. Kramer (1988, S. 249).
[2] Vgl. Kramer (1988, S. 255), Artikel XVIII Abs. 1 Revisionsprotokoll zum DBA-GB i.V.m. Section 793 Subsection 1 ICTA 1988, Pointon / Spratley (1988, S. 315).
[3] Vgl. Tiley /Collison (1997, S. 1707), Pointon / Spratley (1988, S. 315 - 316), Section 797 Subsection 1 ICTA 1988.
[4] Vgl. Jacobs / Spengel (1996, S. 71).

3 KStG galt, allerdings nicht für den gesamten Gültigkeitsbereich $L \leq x \leq U$[1]. Faßt man die Ergebnisse zusammen, so zeigt sich, daß die Bedingung von Körperschaften nach § 23 Abs. 2 und 3 KStG in den Jahren 1977 bis 1983 erfüllt wurde, falls sie eine bestimmte Höhe bei der Bemessungsgrundlage überschreiten. Diese Höhe ist Tabelle 4 zu entnehmen.

Jahr	Bemessungsgrundlage, von der an die deutsche Körperschaftsteuerschuld einer Körperschaft nach § 23 Abs. 2 und 3 KStG vollständig auf die britische angerechnet wurde
1977	74.561,4
1978	88.235,3
1979	113.750,0
1980	160.000,0
1981	180.000,0
1982	318.181,8
1983	500.000,0

Tabelle 4: Bedingung für Vollanrechnung der deutschen Steuer[2]

Diese Körperschaften, bei denen die britische Steuerschuld die deutsche übersteigt, sollen im weiteren als spezielle Körperschaften bezeichnet werden. Um spezielle Körperschaften handelt es sich demnach, wenn eine Körperschaft nach § 23 Abs. 2 und 3 KStG die in Tabelle 4 aufgeführte Höhe der Bemessungsgrundlage in den entsprechenden Jahren übertrifft. Nur für eine solche Körperschaft ist bei Einkünften aus einer Betriebsstätte in Deutschland der britische

Einkünfte die in Großbritannien erzielt wurden			$t'_{UK,T}$
Deutsche Einkünfte	sonstige Einkünfte		$t'_{UK,T}$
	aus einer deutschen Betriebsstätte	spezielle Körperschaft	$t'_{UK,T}$
		Übrige	$T'_{D,T}$

Tabelle 5: Grenzsteuersätze einer in Großbritannien ansässigen Körperschaft

Thesaurierungssatz maßgebend (vgl. auch Tabelle 5), da die deutsche Steuerzahlung vollständig angerechnet wird. Bei allen übrigen Körperschaften unter-

[1] Vgl. für die Durchführung der Berechnung Anhang 7.
[2] Vgl. The Stationery Office (1998, S. 170), § 23 Abs.1 und 2 KStG der Jahre 1977, 1990 und 1994 und eigene Berechnungen.

liegen die Einkünfte dem deutschen Grenzsteuertarif bei Thesaurierung. Welcher Steuersatz geringer bzw. höher ist als der andere, wurde in Unterkapitel 3.2.1.1 ausführlich diskutiert. Dort hat sich gezeigt, daß bis auf wenige Ausnahmen in den Jahren 1977 - 1984 der deutsche Grenzsteuersatz stets höher als der britische war.
Die Ermittlung eines für alle Körperschaften einer bestimmten Art geltenden Grenzsteuersatzes bei Ausschüttung von Einkünften aus einer deutschen Betriebsstätte ist nicht möglich, da dieser von dem individuellen Anrechnungspotential in den anderen Perioden der einzelnen Körperschaften abhängt[1]. So wird das Anrechnungspotential der Ausschüttungssteuer bei Ausschüttung von ausländischen Einkünften, bei denen eine Teilanrechnung der ausländischen Steuer erfolgt ist, durch eine Zusatzvorschrift des ICTA begrenzt[2]. Dies kann letztlich dazu führen, daß die Anrechnung der Ausschüttungssteuer auf diese Einkünfte in ihrer Entstehungsperiode gänzlich unterbunden wird[3]. Dadurch gewinnt dann die Höhe des Anrechnungspotentials in anderen Perioden an entscheidender Bedeutung, welche jedoch von Unternehmen zu Unternehmen unterschiedlich und daher nicht für das Aggregat bestimmbar ist. Somit kann der Grenzsteuersatz für eine in Großbritannien ansässige Körperschaft mit Einkünften aus einer deutschen Betriebsstätte lediglich für den Thesaurierungsfall berechnet werden.

3.2.3 Ergebnisse des formalen Tarifvergleichs

Schaut man sich - vor dem Hintergrund der in den letzten Abschnitten durchgeführten Untersuchung der formalen Grenzsteuersätze in Deutschland und in Großbritannien - die Thesen von Presse und Politik an, so lassen sich einige ihrer Behauptungen bereits an dieser Stelle relativieren, andere werden allerdings auch bestätigt. Die Aussage, daß der britische Grenzsteuersatz bei Thesaurierung für im Inland erzielte Einkünfte zumindest in den letzten Jahren geringer als der entsprechende deutsche Steuersatz ausfiel, wird durch die Ergebnisse von Unterkapitel 3.2.1.1 gestützt. Der These, daß dieses auch für die formalen Grenzsteuertarife beider Länder zutrifft, kann hingegen nicht ohne weiteres zugestimmt werden. Dazu sei zuallererst vermerkt, daß je nach Verwendung der Einkünfte unterschiedliche Steuersätze zum Tragen kommen. Ist der britische Steuersatz bei Thesaurierung inländischer Einkünfte teilweise noch geringer als der deutsche, so ergibt sich bei Ausschüttung dieser Einkünfte genau das umgekehrte Bild. Letztlich hängt es dann von der Höhe der Thesaurierungsquote ab, welcher Steuertarif formal eine geringere Gesamtbelastung mit sich bringt. Die-

[1] Vgl. Wenz (1995, S. 361).
[2] Vgl. Section 797 Subsection 4 und 5 ICTA 1988.
[3] Vgl. Wenz (1994, S. 970).

se Abhängigkeit wird jedoch von Presse und Politik selten betont, sondern eher am Rande erwähnt oder häufig sogar ganz vergessen bzw. ausgelassen. Des weiteren wird insbesondere bei der Diskussion um Direktinvestitionen nicht beachtet, daß für ausländische Einkünfte manchmal die Grenzsteuersätze für inländische Einkünfte oder andere Steuersätze als die für im Ausland ansässige Körperschaften angewendet werden müssen. So unterliegen ausländische Einkünfte, die nicht aus einer Betriebsstätte stammen, zumindest in Deutschland und in Großbritannien nicht der ausländischen Besteuerungshoheit. Darüber hinaus darf beispielsweise für deutsche Körperschaften, die in Großbritannien Einkünfte aus einer Betriebsstätte beziehen, nicht der Grenzsteuertarif für in Großbritannien ansässige Körperschaften mit britischen Einkünften herangezogen werden, sondern nur der britische volle Steuersatz.
Aber auch bei den Ergebnissen der eigenen Untersuchung bleibt zu berücksichtigen, daß diese nicht auf unproblematische Weise zustande gekommen sind. So wird die Vergleichbarkeit der Steuertarife eigentlich durch die in beiden Ländern unterschiedlich definierte Steuerpflicht, sowie durch die verschiedenen Geltungszeiträume (Kalenderjahr versus britisches Fiskaljahr) eingeschränkt. Einem generellen Gültigkeitsanspruch der oben getroffenen Aussagen widerspricht allein schon die Tatsache, daß einige Berechnungen aufgrund des Steuersystems oder aufgrund von notwendigen Annahmen nicht durchgeführt werden konnten. Darüber hinaus wird der Gültigkeitsbereich durch zahlreiche Annahmen, die während der Untersuchung aufgestellt wurden, begrenzt. So wurde der Einfachheit halber angenommen, daß nur inländische Anteilseigner eine Ausschüttung erhalten. Des weiteren wurde unterstellt, daß weder Kapitalgewinne noch Dividenden, die von anderen Körperschaften ausgeschüttet werden, zu den Einkünften einer britischen Körperschaft gehören. Ebenfalls war eine Unterstellung bezüglich des Überwälzungsprozesses von Körperschaftsteuerzahlungen nötig, um die Körperschaftsteuerbelastung zu berechnen. Eine große Einschränkung erfolgte aber auch durch die Annahme von identischen Bemessungsgrundlagen.

3.3 Die effektive Steuerbelastung

Schließt man irrationales Verhalten oder rationale Informationsbeschränkung beim Steuerbelastungsvergleich aus, so ist anzunehmen, daß Investoren in den von ihnen potentiell vorgenommenen Vergleich der Steuerbelastung auch die Bemessungsgrundlage einbeziehen. Möchte man das Entscheidungskalkül der Investoren unter dieser Annahme untersuchen, so kann an die Überlegung angeknüpft werden, daß die Entscheidungswirkung des Steuerrechts durch die Veränderung der faktischen Steuerbelastung bei einer durch die alternativen Handlungsmöglichkeiten bewirkten Änderung der Zielgrößen ausgelöst wird[1]. Je nach Zielgröße wird die Steuer auf unterschiedliche Weise als belastend empfunden, weshalb die Wahl dieser Größe die weiteren Untersuchungen auf einen bestimmten Betrachtungswinkel der Belastung festlegt[2]. Es erscheint sinnvoll, die Zielgröße aus wirtschaftlichen Überlegungen abzuleiten[3]. Geht man von gewinnmaximierenden Investoren aus, so kann die Zielgröße durch den ökonomischen Gewinn repräsentiert werden[4]. Insofern kann als Kennzahl für die Steuerbelastung das Verhältnis der (marginalen) Änderung der faktischen Steuerbelastung zur (marginalen) Veränderung des ökonomischen Gewinns verwendet werden[5]. Dieses Verhältnis drückt dann - unter der Voraussetzung gewinnmaximierender Investoren - die effektive Grenzsteuerbelastung aus[6]. Ob von der Körperschaftsteuer eine Entscheidungswirkung ausgeht, kann, wenn es sich um rationale Investoren handelt, für die eine Beschränkung der heranzuziehenden Informationen für einen Steuerbelastungsvergleich nicht sinnvoll ist, nur mit Hilfe des effektiven Grenzsteuersatzes überprüft werden[7].

3.3.1 Meßgrößen der effektiven Grenzsteuerbelastung

Es existieren in der Literatur zahlreiche Verfahren, mit deren Hilfe eine Annäherung an die Ermittlung der effektiven Grenzsteuersätze versucht wird. Bevor die in dieser Arbeit verwendete Methode betrachtet wird, sollen daher drei der bedeutendsten alternativen Vorgehensweisen angesprochen werden. Dieser kurze Überblick kann sicher keine abgeschlossene Diskussion der Vor- und Nachteile der einzelnen Verfahren liefern, er kann aber zumindest einen Einblick in die in der Literatur aufgezeigten Probleme geben.
Der in den vorherigen Kapiteln berechnete Grenzsteuertarif drückt nicht die effektive Grenzsteuerbelastung eines Unternehmens mit Körperschaftsteuer aus. So würde der formale nur dann dem effektiven Grenzsteuersatz entsprechen, wenn der ökonomische Gewinn und die Bemessungsgrundlage identisch wären[8]. Dem widerspricht jedoch u.a. die Tatsache der national verschieden definierten Bemessungsgrundlagen, da annahmegemäß nur eine ökonomische Zielgröße für beide Länder existiert. Daß in Großbritannien und in Deutschland eine unterschiedliche Handhabung der Bemessungsgrundlage erfolgt, darauf wies bereits

---

[1] Vgl. Schneider (1988, S. 283).
[2] Vgl. Schneider (1990b, S. 497).
[3] Vgl. Henselmann (1994, S. 75).
[4] Vgl. Roloff et al. (1994, S. 62).
[5] Vgl. Roloff et al. (1994, S. 62 - 63), Schneider (1990b, S. 497).
[6] Vgl. Schneider (1990b, S. 499 - 500).
[7] Vgl. Schneider (1988, S. 283), Claassen (1994, S. 3 - 4).
[8] Vgl. Claassen (1994, S. 3).

die Berechnung der Grenzsteuersätze hin. Dabei mußte für britische Körperschaften unterstellt werden, daß sie bestimmte Einkünfte nicht erzielen - um den Grenzsteuersatz zu ermitteln - wogegen eine solche Annahme bei der Bestimmung des deutschen Steuersatzes nicht nötig war. Vergleicht man nun die Ermittlungsmethoden der Bemessungsgrundlage in Deutschland und in Großbritannien, so trifft man auf eine Flut von abweichenden Einzelregelungen, die mit der Zeit auch noch zahlreichen Änderungen unterlagen. So existierten und existieren beispielsweise gänzlich verschiedene Gesetze bezüglich Abschreibungen, Bewertung, Rückstellungen und Rücklagen[1].
Die Methode, bei der durch die vollständige Veranlagung eines exakt bestimmten Unternehmensmodells die effektive Steuerbelastung ermittelt wird, wirft allerdings ebenfalls einige Schwierigkeiten auf. Wird die Veranlagung an einem real existierenden Unternehmen durchgeführt, so bleibt die Gültigkeit der so gewonnenen Ergebnisse auch nur auf dieses Unternehmen beschränkt[2]. Eine Verallgemeinerung der Erkenntnisse auf eine ganze Volkswirtschaft ist daher unzulässig[3]. Dieses Problem läßt sich vermeiden, wenn die Untersuchung für ein „repräsentatives" Unternehmen vorgenommen wird[4]. Als problematisch dürfte sich jedoch bei dieser Vorgehensweise die Datenbeschaffung erweisen. So ist es fraglich, ob ein externer Beobachter überhaupt die benötigten internen Daten erhält, da diese aus den veröffentlichten Jahresabschlüssen nicht ableitbar sind[5]. Aber selbst wenn sich ein solches repräsentatives Unternehmen ermitteln ließe, ist die Aussagefähigkeit der durch Veranlagungssimulation berechneten effektiven Steuerbelastung bezüglich Investitionsentscheidungen noch nicht gewährleistet[6]. Beruht das Ergebnis der Steuerbelastungsrechnung nämlich auf Bedingungen, die vor der Investition existierten, so ergibt sich für die effektive Steuerbelastung nach Tätigung der Investition ein anderes Resultat. Die Veranlagungssimulation errechnet nämlich nur eine Durchschnittssteuerbelastung und keine Grenzsteuerbelastung[7].
Der Versuch, eine Simulation der Auswirkungen von zusätzlichen Investitionen auf die Steuerbelastung der Unternehmen durchzuführen, wurde von King und Fullerton vorgenommen. In ihrer Studie von 1984 berechnen sie die gewichtete durchschnittliche effektive Grenzsteuerbelastung von Ausrüstungsinvestitionen. Für diesen Zweck wurden 81 verschiedene Merkmalskombinationen für Deutschland, Großbritannien, Schweden und die Vereinigten Staaten durchge-

[1] Vgl. Wesselbaum-Neugebauer (1994, S. 67 - 96), Sievert et al. (1989, S. 61 - 72).
[2] Vgl. Spengel (1996, S. 51).
[3] Vgl. Jatzek / Leibfritz (1982, S. 148).
[4] Vgl. Claassen (1994, S. 38).
[5] Vgl. Roloff et al. (1994, S. 7), Schneider (1990b, S. 501), Fuest / Kroker (1987, S. 36).
[6] Vgl. Roloff et al. (1994, S. 202).
[7] Vgl. Claassen (1994, S. 3 und 40).

spielt und die Ergebnisse daraus zu einem Durchschnittswert zusammengefaßt[1]. Ihrer Untersuchung liegen jedoch einige restriktive Annahmen zugrunde, die die Aussagefähigkeit ihrer Erkenntnisse relativieren[2]. So gehen sie beispielsweise von einer geschlossenen Volkswirtschaft aus, wodurch eine Berücksichtigung von Direktinvestitionen unterbleibt[3]. Die empirische Analyse wird zwar auf der Basis von Daten einer offenen Volkswirtschaft getätigt, die dann notwendigen Ausführungen bezüglich der Methoden zur Vermeidung von Doppelbesteuerung und dem Ort des Wohnsitzes eines Anteilseigners werden jedoch unterlassen[4]. Erst in jüngerer Zeit sind Bestrebungen zu erkennen, im nachhinein Regelungen zur internationalen Besteuerung in das Modell zu integrieren[5].
Abgesehen von den oben aufgezählten methodischen Problemen, wird in dieser Arbeit von der Vorgehensweise der Veranlagungssimulation sowohl zur Berechnung der effektiven Durchschnittssteuersätze als auch zur Ermittlung der durchschnittlichen effektiven Grenzsteuerbelastung Abstand genommen. Da hier mit Zeitreihen gearbeitet wird, würde die Veranlagungssimulation, die schon bei ihrer Durchführung für einen fixen Zeitpunkt eine große Datenfülle benötigt, den Rahmen dieser Studie sprengen.

3.3.2 Die Körperschaftsteuerquote als Meßgröße

In dieser Arbeit wird nun die Körperschaftsteuerquote als Indikator für die Belastung der Unternehmen mit Körperschaftsteuer herangezogen, auch wenn diese Vorgehensweise ebenfalls nicht unproblematisch ist. Wie die vorangegangenen Überlegungen zu den Meßgrößen der effektiven Steuerbelastung gezeigt haben, ist bisher kein Königsweg bekannt, um diese methodisch einwandfrei zu ermitteln. So bringt auch die Verwendung der Körperschaftsteuerquote erhebliche Schwierigkeiten mit sich, die vor der Berechnung der Quoten eingehend diskutiert werden müssen. Trotzdem lassen sich mit ihrer Hilfe Richtwerte berechnen, die die Ergebnisse des Tarifvergleichs in Frage stellen können und die eine erste grobe Vorstellung über die effektive Körperschaftsteuerbelastung gewähren.
Ein gravierendes Problem besteht zunächst darin, daß nur die Zahlen der tatsächlich realisierten Handlungen von den jeweiligen Perioden zur Verfügung stehen, nicht aber die der möglichen, aber nicht verfolgten Handlungsalternativen. Das bedeutet, daß lediglich die Steuerbelastung eines bereits erzielten

---

[1] Vgl. Schneider (1989, S. 334), Künne (1997, S. 135).
[2] Vgl. für eine exaktere Auseinandersetzung mit dem Modell: Roloff et al. (1994, S. 217 - 254), Sievert et al. (1989, S. 150 - 159), Künne (1997, S. 135 - 144), Spengel (1996, S. 41 - 52).
[3] Vgl. Roloff et al. (1994, S. 220).
[4] Vgl. Roloff et al. (1994, S. 253).
[5] Vgl. Claassen (1994, S. 43).

Markteinkommens erfaßt wird, nicht aber die, die aufgrund anderer Investitionsentscheidungen zustande gekommen wäre[1]. Dadurch kann für die einzelnen Perioden nicht die Grenzsteuerbelastung bestimmt werden, sondern nur die Durchschnittssteuerbelastung. Die folgende Betrachtung kann also höchstens eine Annäherung an die Berechnung der effektiven Durchschnittsbelastung als Verhältnis von faktischer Steuerbelastung zum ökonomischen Gewinn versuchen. Dieser Durchschnittswert bezieht sich dann auf die Steuerbelastung einer einzigen Konstellation von getroffenen Investitionsentscheidungen, nämlich auf die in der jeweiligen Periode letztendlich bestehenden Belastung.

3.3.2.1 Die Körperschaftsteuereinnahmen

Im Zähler der Steuerquote müßte - wie dargelegt - die faktische Körperschaftsteuerbelastung stehen, d.h. also das für alle Unternehmen zusammengefaßte Ergebnis aus der Multiplikation von Bemessungsgrundlage und formalem Steuersatz.
Für die aus Deutschland benötigten Daten wird in dieser Arbeit der Finanzbericht des Bundesministerium der Finanzen herangezogen, der u.a. Zeitreihen der für ein Kalenderjahr aggregierten Köperschaftsteuereinnahmen von 1960 bis 1998 enthält[2]. Das britische Äquivalent zum Finanzbericht (Inland Revenue Statistics) ermittelt die Steuereinnahmen hingegen für das britische Fiskaljahr. Um die Körperschaftsteuerquote berechnen zu können, werden jedoch die britischen Daten für das Kalenderjahr benötigt, weshalb die Daten auf dieses umgerechnet werden müssen. Eine solche Umrechnung wird von „The Stationery Office" vorgenommen. Die entsprechend transformierten Daten werden dann in den „United Kingdom National Accounts" festgehalten. Ungenauigkeiten können sich ergeben, wenn der Stationery Office nicht alle benötigten Daten für das jeweilige Vierteljahr vorliegen, so daß teilweise auf Schätzungen zurückgegriffen werden muß[3]. Zusätzlich zu dem Problem der abweichenden Veranlagungszeiträume ergibt sich beim Vergleich der Steuereinnahmen die Schwierigkeit, daß sich die Steuerpflicht - wie in Unterkapitel 3.1 dargelegt - in beiden Ländern geringfügig voneinander unterscheidet, so daß teilweise verschiedene Wirtschaftssubjekte von den Körperschaftsteuerzahlungen betroffen sind.
Über die durch die Unterschiede in den Körperschaftsteuersystemen der beiden Länder sowie der daraus resultierenden Abweichungen in der statistischen Erfassung bedingten Schwierigkeiten hinaus, ergeben sich noch weitere Probleme, die weitestgehend die Daten beider Länder gemeinsam betreffen. So entsprechen

---

[1] Vgl. Claassen (1994, S. 30).
[2] Vgl. Bundesministerium der Finanzen (1998, S. 242 - 253).
[3] Vgl. Her Majesty's Stationery Office (1985, S. 143).

die Steuereinnahmen nur den kassenmäßigen Steuerzuflüssen und weichen insofern von der sich aufgrund der Veranlagung ergebenden Steuerschuld ab[1]. Die Steuereinnahmen beinhalten nämlich Steuervorauszahlungen, Abschlußzahlungen sowie Nachzahlungen[2]. Dadurch ist eigentlich ein erheblicher Teil der Steuerzahlungen bezüglich ihrer Entstehung den Gewinnen anderer Perioden zuzurechnen[3]. Darüber hinaus werden durch die kassenmäßigen Steuerzuflüsse all diejenigen Beträge nicht berücksichtigt, die aufgrund der Gesetzeslage an das Finanzamt abzuführen wären, die aber trotz der Deklarationspflicht in der Steuererklärung nicht angegeben werden[4]. Durch diese hinterzogenen Steuern sind die statistisch erfaßten Steuereinnahmen geringer als die sich bei der Berechnung der Steuerschuld nach den Gesetzesvorschriften ergebende Steuerbelastung.

In beiden Ländern wird nun die beim Anteilseigner anrechenbare Körperschaftsteuer ebenfalls unter der Position der Körperschaftsteuereinnahmen ausgewiesen[5]. In Deutschland wird diese fehlende Aufschlüsselung damit begründet, daß dieser Steueranteil statistisch nicht nachweisbar sei[6]. In Großbritannien wird die Ausschüttungssteuer in den „Inland Revenue Statistics", die ja leider aufgrund ihrer Verwendung des britischen Fiskaljahrs als Erfassungszeitraum nicht benutzt werden können, getrennt aufgezeichnet. In den daher verwendeten „United Kingdom National Accounts" unterbleibt jedoch eine Aufschlüsselung der beiden Posten[7]. Die Unterscheidung zwischen Ausschüttungssteuer und verbleibender Körperschaftsteuer wäre aber, stellt man bei der Bestimmung der Steuerbelastung auf den Willen des Gesetzgebers ab, äußerst notwendig. Wie in Unterkapitel 3.2.1.2 angenommen, soll nach dessen Willen die anrechenbare Ausschüttungssteuer nicht vom Unternehmen getragen werden. Daher müßten die Steuereinnahmen ohne den Anteil der Ausschüttungssteuer herangezogen werden. Da dieses aber nicht möglich ist, sind die letztlich benutzten Zahlen höher als die, die gemäß der Annahme verwendet werden müßten.

Über diese Mängel der verfügbaren statistischen Daten für den hier verfolgten Zweck hinaus bleibt noch zu beachten, daß ausländische Einkünfte durchaus der inländischen Besteuerungshoheit unterliegen können, wie in Unterkapitel 3.2.2 gezeigt wurde. Da die Steuereinnahmen nämlich die Steuerzahlungen der im Inland Steuerpflichtigen umfassen, enthalten die Steuereinnahmen eines Landes

---

[1] Vgl. Bundesministerium der Finanzen (1998, S. 125), Her Majesty's Stationery Office (1985, S. 118 und 124).
[2] Vgl. Jatzek /Leibfritz (1982, S. 139).
[3] Vgl. Bundesministerium der Finanzen (1991, S. 98).
[4] Vgl. Her Majesty's Stationery Office (1985, S. 124).
[5] Vgl. Bundesministerium der Finanzen (1991, S. 126), Her Majesty's Stationery Office (1985, S. 167-168).
[6] Vgl. Bundesministerium der Finanzen (1998, S. 126).
[7] Vgl. The Stationery Office (1998, S. 61).

ebenfalls Steuerzahlungen, die die Einkünfte aus vielen Ländern sowie die in unterschiedlichsten Ländern ansässigen Körperschaften belasten.

3.3.2.2 Einkommen aus Unternehmertätigkeit und Vermögen

Weitere Probleme ergeben sich bei der Messung des ökonomischen Gewinns, da dieser noch nicht einmal theoretisch eindeutig bestimmbar ist[1]. Um hier eine Annäherung an ihn zu ermitteln, wird der Nettobetriebsüberschuß auch als Einkommen aus Unternehmertätigkeit und Vermögen bezeichnet, der in der Statistik „National Accounts" der OECD ausgewiesen ist, gewählt[2]. Diese Größe wird von der OECD definiert als der „Gross output at producers′ values less the sum of intermediate consumption, compensation of employees, consumption of fixed capital and indirect taxes reduced by subsidies"[3]. Bei ihr handelt es sich um eine Restgröße, da sie sich aus der Differenz von statistisch erfaßten Werten ergibt[4]. Sie faßt letztlich den Teil des Nettoinlandsprodukts zu Faktorkosten zusammen, der nicht zum Bruttoeinkommen aus unselbständiger Arbeit gehört[5]. Insofern kann der Nettobetriebsüberschuß von jedem der Sektoren bezogen werden, auch wenn dieser definitionsgemäß nur von Unternehmen erwirtschaftet wird[6]. Daher werden unter dieser Position auch Einkommen aus Landwirtschaft sowie aus selbständiger Arbeit zusammengefaßt[7].
Problematisch wird die Ermittlung des Einkommen aus Unternehmertätigkeit und Vermögen als Restgröße, weil es Posten enthält, die nicht zum Gewinn zu rechnen sind. So wird beispielsweise der kalkulatorische Unternehmerlohn hinzugezählt[8]. Dieser soll den Nutzen der Arbeitsleistung eines mitarbeitenden Unternehmenseigentümers ausdrücken[9]. Da bei Kapitalgesellschaften die Vorstands- bzw. Geschäftsführerbezüge ohnehin zu den Personalkosten gehören, ist der kalkulatorische Unternehmerlohn sowieso nur bei Einzelunternehmen oder Personengesellschaften relevant[10]. Insofern ist es dann jedoch nicht einsichtig, weshalb die Unternehmerlöhne bei den Kapitalgesellschaften zu den Arbeitsein-

---

[1] Vgl. Roloff et al. (1994, S. 62).
[2] Vgl. Zwer (1986, S. 33).
[3] OECD (1997, S. 635).
[4] Vgl. UN (1968, S. 120 und 124), von der Lippe (1996, S. 173).
[5] Vgl. Zwer (1994, S. 270).
[6] Vgl. von der Lippe (1996, S. 171), UN (1968, S. 124), Zwer (1986, S. 34).
[7] Vgl. Jatzek / Leibfritz (1982, S. 139), Schneider (1988, S. 282), Fuest / Kroker (1987, S. 32).
[8] Vgl. Zwer (1994, S. 136 und 270), Brümmerhoff (1991, S. 42).
[9] Vgl. Heinen / Dietel (1991, S. 1213).
[10] Vgl. Heinen / Dietel (1991, S. 1213).

kommen gerechnet werden sollen, bei den Einzelunternehmen und Personengesellschaften jedoch nicht.
Aufgrund des Restgrößencharakters wird die Höhe des Nettobetriebsüberschusses auch durch Fehler[1] bei der Berechnung der anderen zu ihrer Bestimmung benötigten Größen beeinträchtigt[2]. Die für die einzelnen Größen vielleicht noch geringen Abweichungen können sich bei der Berechnung der Einkommen aus Unternehmertätigkeit und Vermögen aus ihnen summieren, so daß die Fehler dann erst ein entscheidendes Ausmaß annehmen.

3.3.2.3 Unterschiede in Zähler und Nenner der Körperschaftsteuerquote

Zu berücksichtigen ist des weiteren, daß die Werte im Zähler und die im Nenner auf die gleiche Art und Weise ermittelt werden müßten[3]. Dies kann jedoch bei der Berechnung der Quoten in zweierlei Hinsicht nicht erfüllt werden. Zum einen müßten dem Zähler und dem Nenner dieselben Wirtschaftssubjekte zugrundeliegen. Der Nettobetriebsüberschuß bezieht sich aber nicht nur auf die steuerpflichtigen Körperschaften, sondern auf die Körperschaften und Quasikörperschaften. Unter dem Begriff „Körperschaften und Quasikörperschaften" werden alle Unternehmen zusammengefaßt, die entweder rechtlich oder aufgrund ihrer Eigenschaften als eigenständige Person als unabhängig von ihren Besitzern zu verstehen sind[4]. Entscheidend für die Zuordnung ist die Unabhängigkeit in Management und Kontrolle und die Existenz von vollständigen Aufzeichnungen, d.h. von der Gewinn- und Verlustrechnung sowie der Bilanz[5]. Darüber hinaus werden alle nicht rechtsfähigen Kreditvermittlungen und nicht rechtsfähigen Unternehmen, die einer im Ausland ansässigen Person gehören, zu den Quasikörperschaften gezählt[6]. Vergleicht man die von der Steuerpflicht erfaßten Körperschaften und die durch den Begriff „Körperschaften und Quasikörperschaften" bezeichneten Unternehmen, so zeigt sich, daß nahezu alle Unternehmen, die gemäß der ersten Definition Körperschaften sind, dieses auch gemäß der zweiten sind, was jedoch nicht umgekehrt gilt. Insofern handelt es sich bei den körperschaftsteuerpflichtigen Unternehmen um eine Teilmenge der Körperschaften und Quasikörperschaften. Die augenscheinlichste Abweichung ist dabei dadurch gegeben, daß bestimmte Personengesellschaften und Einzelunternehmen den Quasikörperschaften zugeordnet werden[7]. Diese sind jedoch nach den

[1] Siehe für Beispiele solcher Fehler auch: von der Lippe (1996, S. 42 - 43).
[2] Vgl. Fuest / Kroker (1987, S. 32).
[3] Vgl. Henselmann (1994, S. 75).
[4] Vgl. UN (1968, S. 78).
[5] Vgl. OECD (1995, S. 566), UN (1968, S. 78).
[6] Vgl. OECD (1995, S. 566).
[7] Vgl. UN (1968, S. 78).

deutschen und nach den britischen Gesetzen eindeutig von der Steuerpflicht ausgenommen[1]. Aber auch einige der in Deutschland steuerbefreiten Unternehmen wie beispielsweise die Bundesbank oder die Deutsche Post AG fallen unter den Begriff der „Körperschaften und Quasikörperschaften“[2].
Für die deutschen Daten scheint sich darüber hinaus ein weiteres sehr schwerwiegendes Problem aufzutun. Betrachtet man nämlich die statistischen Aufzeichnungen der OECD, so zeigt sich, daß die angegebenen Werte für die Körperschaften und Quasikörperschaften und die für alle Unternehmen insgesamt gleich hoch sind[3]. Die Positionen der übrigen Unternehmenstypen (private nicht körperschaftliche Unternehmen, generelle Regierung) sind dabei mit zwei Punkten versehen[4]. Diese Darstellung wird von der OECD kommentarlos dahingestellt. Sie ist allerdings nicht eindeutig, sondern läßt zwei Interpretationen zu: Zum einen kann der Fall vorliegen, daß für Deutschland nur die Zahlen der Körperschaften und Quasikörperschaften erhältlich sind, die der anderen Unternehmen jedoch nicht. Insofern wären dann die Daten der Körperschaften und Quasikörperschaften ungerechtfertigter Weise verallgemeinert worden, indem sie ebenfalls unter der Position aller Unternehmen insgesamt ausgewiesen wurden. Zum anderen können aber auch die Werte der Unternehmen insgesamt wegen einer mangelnden Aufschlüsselung einfach einer Position zugeordnet worden sein. Für den ersten Fall entstehen keine zusätzlichen Probleme. Liegt aber der zweite Fall vor, so wird dadurch die Aussagefähigkeit und insbesondere die Vergleichbarkeit der mit diesen Daten berechneten Quoten stark beeinträchtigt. So wäre dann der Nettobetriebsüberschuß wesentlich zu hoch angesetzt, wodurch die Körperschaftsteuerquoten zu gering ausfallen würden und somit die Vergleichbarkeit mit Großbritannien, wofür eine Aufgliederung nach Unternehmenstypen vorliegt, nicht mehr gegeben wäre.
Aber nicht nur die Art der erfaßten Unternehmen weicht in Zähler und Nenner der Quote voneinander ab, sondern auch die territoriale Abgrenzung. So wird der Nettobetriebsüberschuß im Rahmen der Entstehungsrechnung ermittelt und daher nach dem Inlandskonzept und nicht nach dem Inländerkonzept abgegrenzt[5]. Nach dem Inlandskonzept wird die durch den Einsatz von inländischen und ausländischen Produktionsfaktoren im Inland erstellte Produktion eingeschlossen[6]. Der Körperschaftsteuer unterliegen im Inland darüber hinaus aber auch noch ausländische Einkünfte einer im Inland ansässigen Körperschaft, die nicht in einer Betriebsstätte erzielt werden[7]. Insofern umfassen die Steuerein-

[1] Vgl. Kapitel 3.1.
[2] Vgl. § 5 Abs. 1 Nr.1 und 2 KStG, UN (1968, S. 78).
[3] Siehe OECD (1998, S. 306 und 330), OECD (1994, S. 250), OECD (1987, S. 228).
[4] Siehe OECD (1998, S. 306 und 330), OECD (1994, S. 250), OECD (1987, S. 228).
[5] Vgl. Zwer (1986, S. 34).
[6] Vgl. Rittenbruch (1993, S. 61).
[7] Vgl. Kapitel 3.2.2 ff..

nahmen eines Landes auch Teile der Produktion im Ausland. Andererseits unterliegen inländische Einkünfte einer im Ausland ansässigen Körperschaft, die nicht aus einer inländischen Betriebsstätte stammen, der ausländischen Besteuerungshoheit[1]. Diese Einkünfte sind jedoch auch in dem inländischen Nettobetriebsüberschuß enthalten.

3.3.3 Die deutsche und die britische Körperschaftsteuerquote

Nachdem bisher herausgearbeitet wurde, aus welchen Gründen die Körperschaftsteuerquote nur einen sehr groben Indikator für die effektive Steuerbelastung darstellt, können nun die Körperschaftsteuerquoten der beiden Länder betrachtet werden. Bevor die Quoten von Deutschland und von Großbritannien direkt gegenübergestellt werden, soll zunächst die formale und die effektive Grenzsteuerbelastung für jedes Land einzeln verglichen werden. Hierzu wird die Entwicklung der formalen Grenzsteuersätze und die der Körperschaftsteuerquote - als Näherung an die effektive Grenzsteuerbelastung - gemeinsam betrachtet. Damit sich der Vergleich auf dieselben Wirtschaftssubjekte bezieht, werden - wie bei den Steuerquoten - auch die formalen Grenzsteuersätze demjenigen Land zugeordnet, dem die Steuereinnahmen aus den mit diesen Grenzsteuersätzen belasteten Einkünften zufließen. Somit weicht die Einteilung von der in Unterkapitel 3.2.1 und 3.2.2 ab, da dort eine Unterscheidung nach Ansässigkeit und Ort der Einkunftserzielung vorgenommen wurde.

3.3.3.1 Die deutsche formale und effektive Steuerbelastung im Vergleich

Abbildung 5 zeigt die Entwicklung der Körperschaftsteuerquote und der formalen Grenzsteuersätze in Deutschland. Dort ist zu entnehmen, daß die Körperschaftsteuerquote wesentlich geringer als die formalen Grenzsteuersätze bei Thesaurierung, jedoch höher als der formale Steuersatz bei Ausschüttung ausfällt. Geht man davon aus, daß die statistischen Erfassungsprobleme, die in den drei Unterabschnitten zuvor behandelt wurden, dieses Ergebnis nicht maßgeblich beeinflußt haben, so finden sich zwei Erklärungsmöglichkeiten, die jede für sich genommen oder in Kombination für dieses Resultat verantwortlich sein können. So könnte zum einen eine sehr hohe Ausschüttungsquote in Deutschland gegeben sein. Dadurch würde ein Großteil der Einkünfte mit 0 % versteuert, weshalb die formale Grenzsteuerbelastung und damit auch - bei konstanter Bemessungsgrundlage und gleichbleibendem ökonomischen Gewinn - der effektive Grenzsteuersatz wesentlich geringer als die formalen Steuersätze bei

[1] Vgl. Kapitel 3.2.2 ff..

Thesaurierung ausfiele. Diese Ausschüttungsquote müßte aber, sollte sie ausschließlich für das Ergebnis verantwortlich sein, für die Jahre 1977 bis 1996 bei weit über 80 % liegen. Zum anderen kann jedoch auch eine schmale Bemessungsgrundlage vorliegen, so daß nur ein geringer Teil des ökonomischen Gewinns überhaupt mit dem formalen Steuersatz belegt wird.

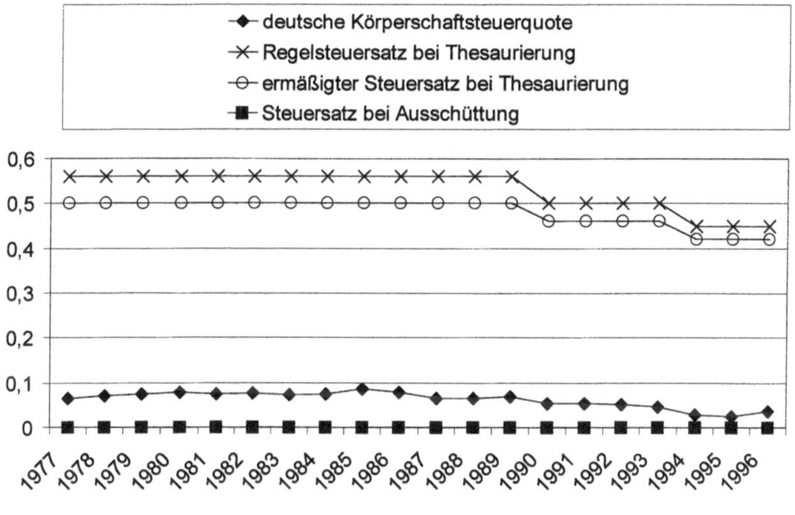

Abbildung 5: Die formalen Grenzsteuersätze und die Körperschaftsteuerquote Deutschlands[1]

Betrachtet man darüber hinaus die Veränderung der formalen Steuersätze und der Körperschaftsteuerquote, so fällt auf, daß in den Jahren, in denen die formalen Steuersätze keine Erhöhung oder Senkung erfuhren, die Körperschaftsteuerquote Schwankungen sowohl nach oben als auch nach unten unterlag. Dies kann einerseits auf Änderungen der Ausschüttungsquote beruhen, kann andererseits aber auch die Bedeutung der Bemessungsgrundlage bei der Berechnung der gesamtwirtschaftlichen Steuerbelastung verdeutlichen. Allerdings ist für Deutschland des weiteren zu beobachten, daß die Senkung der formalen

[1] Vgl. Bundesministerium der Finanzen (1998, S. 245 - 253), OECD (1998, S. 306 und 330), OECD (1994, S. 250), OECD (1987, S. 228) und eigene Berechnungen. Ab 1991 sind die Zahlen für das vereinigte Bundesgebiet herangezogen worden. Die der Abbildung zugrundeliegenden Werte der Körperschaftsteuerquote sind in Anhang 8 in Tabelle T7 festgehalten.

Steuersätze bei Thesaurierung mit einem Absinken der Körperschaftsteuerquote einhergeht. Insofern weist die Entwicklung der Grenzsteuersätze bei Thesaurierung und die der Steuerquote prinzipiell die gleiche Tendenz auf, weshalb den Stimmen von Presse und Politik, die die formalen Steuersätze als Indikator für den effektiven Steuersatz heranziehen, auf Basis der in dieser Arbeit errechneten Daten für Deutschland nicht ohne weiteres widersprochen werden kann.

3.3.3.2 Gegenüberstellung der britischen formalen und effektiven Steuerbelastung

Anders verhält es sich in Großbritannien. Betrachtet man Abbildung 6, so ergibt sich zunächst ein recht heterogenes Bild. Bis 1985 fällt die Körperschaftsteuerquote - abgesehen von einer Ausnahme - geringer als die formalen Grenzsteuersätze bei Thesaurierung aus. Bezüglich der Steuersätze bei Ausschüttung läßt sich für diesen Zeitraum keine einheitliche Aussage treffen. Sie liegen teilweise oberhalb und teilweise unterhalb der Körperschaftsteuerquote. Ab 1986 zeichnet sich in Großbritannien dann eine sehr interessante Entwicklung ab. So ist die Körperschaftsteuerquote für den Zeitraum von 1986 bis 1996 bis auf eine Ausnahme höher als alle formalen Grenzsteuersätze. Unterstellt man, daß für dieses Resultat weder statistische Erfassungsfehler noch sonstige methodische Probleme verantwortlich sind, so kann dieses Phänomen nur zustande gekommen sein, weil von der Bemessungsgrundlage Größen erfaßt werden, die eigentlich nicht zum ökonomischen Gewinn - hier durch den Nettobetriebsüberschuß repräsentiert - hinzuzurechnen sind. Die Bemessungsgrundlage müßte in diesem Zeitraum in Großbritannien also dermaßen breit gefaßt sein, daß sie über den Definitionsbereich des ökonomischen Gewinns hinausragt.
Betrachtet man nun ebenfalls die Entwicklung der formalen Steuersätze und der Körperschaftsteuerquote, so ergibt sich bis 1983 noch ein recht ähnliches Bild wie in Deutschland. So folgt der Verlauf der Kurve der Körperschaftsteuerquote zumindest näherungsweise (Ausnahme von 1979 bis 1980) den Kurvenverläufen der formalen Steuersätze. Ab 1983 sind jedoch gegenläufige Tendenzen zu verzeichnen. So stieg von 1983 bis 1986 die Steuerquote, obwohl alle formalen Steuersätze sanken. Von 1986 auf 1987, wobei zwei der Ausschüttungssteuersätze stiegen bei weitestgehend konstanten Thesaurierungssätzen, sank die Körperschaftsteuerquote wieder, um anschließend bis 1991 bei tendenziell leicht sinkenden formalen Grenzsteuersätzen erneut zu steigen. Ab dem Jahr 1991, von dem an die Thesaurierungssätze nahezu konstant blieben, die Ausschüttungssteuersätze aber stiegen, sank die Steuerquote wiederum. Es zeichnen sich in Großbritannien also im Gegensatz zu Deutschland zwei Trends ab: der erste bis 1983, bei dem die Veränderung der Körperschaftsteuerquote den Änderungen

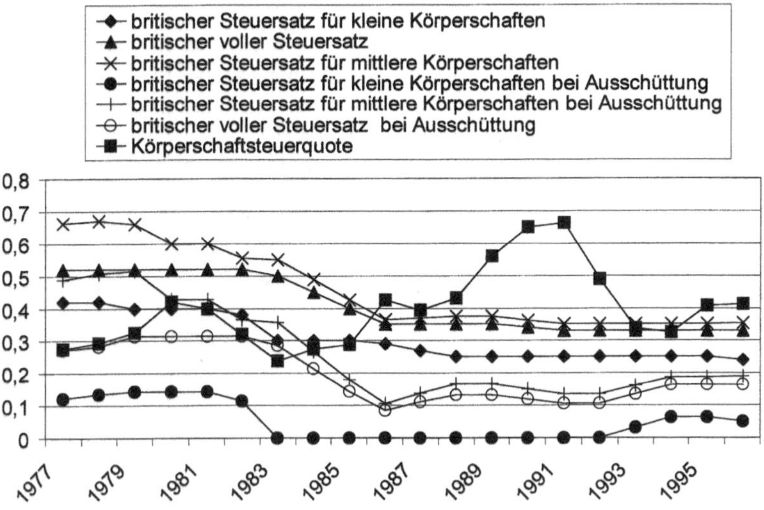

Abbildung 6: Die britischen formalen Grenzsteuersätze und die britische Körperschaftsteuerquote[1]

der formalen Grenzsteuersätzen tendenziell entspricht, und der zweite ab 1983, bei dem die Entwicklung der Körperschaftsteuerquote das umgekehrte Vorzeichen zu der Entwicklung der Steuersätze aufweist. Der zweite Trend ist jedoch zumindest ab 1986 - wie die Überlegungen zu Anfang dieses Kapitels gezeigt haben - nicht auf eine über die Zeit variierende Ausschüttungsquote zurückzuführen, da nahezu alle formalen Grenzsteuersätze unterhalb der Körperschaftsteuerquote liegen. Die hier präsentierten Ergebnisse lassen sich - abgesehen von der Problematik der Methode - nur damit erklären, daß die Verbreiterung der Bemessungsgrundlage die Senkung bzw. eine Verschlankung der Bemessungsgrundlage die Erhöhung der formalen Steuersätze überkompensiert, so daß der Steuerpflichtige letztlich trotz sinkender formaler Steuersätze eine höhere oder bei steigenden Steuersätzen eine geringere effektive Steuerlast zu tragen hat. Die dadurch bedingte Abkopplung des effektiven Steuersatzes - annähe-

---

[1] Vgl. Her Majesty's Stationery Office (1982, S. 48), Her Majesty's Stationery Office (1989, S. 57), The Stationery Office (1997, S. 93), OECD (1998, S. 612), OECD (1994, S. 522), OECD (1987, S. 504) und eigene Berechnungen. Wenn die Steuersätzen nicht eindeutig als Steuersätze bei Ausschüttung gekennzeichnet sind, handelt es sich um Steuersätze bei Thesaurierung. Die der Abbildung zugrundeliegenden Werte der Körperschaftsteuerquote können Anhang 8 Tabelle T7 entnommen werden.

rungsweise bestimmt durch die Körperschaftsteuerquote - von den formalen Steuersätzen widerspricht jedoch eindeutig den vereinzelten Behauptungen von Presse und Politik, daß der formale Steuersatz als Indikator für die effektive Steuerbelastung verwendet werden kann. Für Großbritannien zeigt sich insofern, falls die ermittelte Körperschaftsteuerquote nicht mit allzu gravierenden statistischen und methodischen Fehlern behaftet ist, daß die formale nichts über die effektive Grenzsteuerbelastung aussagen muß.

3.3.3.3 Vergleich der deutschen und der britischen Körperschaftsteuerquote

Vergleicht man nun die deutsche und die britische Körperschaftsteuerquote, so fällt direkt auf, daß die britische deutlich höher als die deutsche ist (vgl. Abbildung 7). Geht man davon aus, daß keine statistischen Erfassungsprobleme für das Ergebnis verantwortlich sind, so lassen sich folgende Schlußfolgerungen ziehen:
Da die effektive Körperschaftsteuerbelastung in Deutschland deutlich unter der britischen liegt, sind die Ergebnisse des Tarifvergleichs zu relativieren. Diese stimmen nur dann in etwa mit den Erkenntnissen dieses Kapitels überein, wenn die Thesaurierungsquote die in Tabelle 1 bzw. 3 angegebenen Werte deutlich unterschreitet. Ist dies nicht der Fall, so verbleiben als Erklärung nur die unterschiedlich definierten Bemessungsgrundlagen. Die Bemessungsgrundlage in Großbritannien muß dann - sind die genannten Annahmen erfüllt - wesentlich breiter als die in Deutschland sein. Die aufgrund der formalen Steuersätze vielleicht noch günstigen Körperschaftsteuerbedingungen in Großbritannien bei geringer Ausschüttung werden dann durch die Vorschriften zur Bemessungsgrundlage überkompensiert. Der in Presse und Politik des öfteren vertretenen These, daß die effektive Körperschaftsteuerbelastung in Deutschland höher als die in Großbritannien ist, wird damit widersprochen. Allerdings bleibt noch einmal hervorzuheben, daß die massiven statistischen Erfassungsprobleme sowie die sich darüber hinaus ergebenden methodischen Schwierigkeiten dieses Ergebnis stark in Frage stellen.

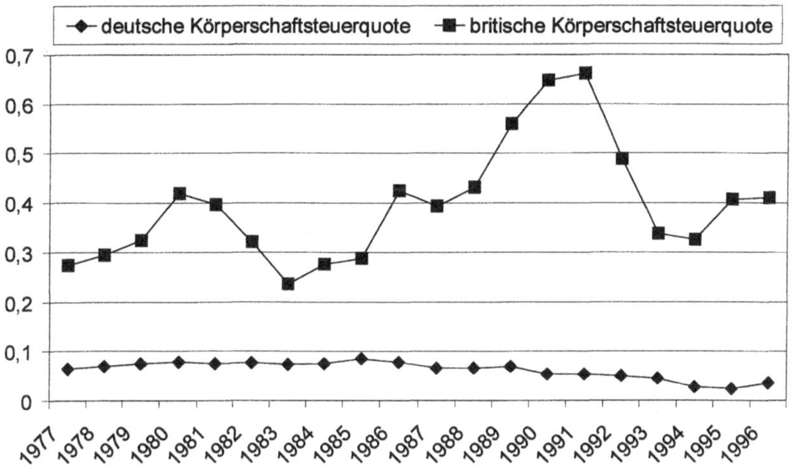

Abbildung 7: Die Körperschaftsteuerquoten der betrachteten Länder im Vergleich[1]

4 Investitionen

Um die Auswirkungen der Körperschaftsteuer auf die Investitionen zu diskutieren, muß geklärt werden, was unter den Begriff „Investitionen" gefaßt werden sollen. Welche Eingrenzung dabei vorgenommen wird, ist nun keine Frage von richtig oder falsch, sondern lediglich eine der Zweckmäßigkeit. In dieser Arbeit soll der Bedeutung der Besteuerung für Investitionen nachgegangen werden, weshalb es sinnvoll ist, den Begriff in diesem Kontext zu betrachten.
Wie in § 3 Abs. 1 AO angedeutet wird, ist die Erzielung von Einnahmen nicht der einzige Zweck von Steuern. Neben dem fiskalischen Ziel können ebenso Allokations-, Stabilisierungs-, Wachstums- und Distributionsziele der Besteuerung zugrunde liegen[2]. Einige dieser Ziele lassen sich u.a. durch vermehrte Inve-

[1] Vgl. Bundesministerium der Finanzen (1998, S. 245 - 253), Her Majesty's Stationery Office (1982, S. 48), Her Majesty's Stationery Office (1989, S. 57), The Stationery Office (1997, S. 93), OECD (1998, S. 306, 330 und 612), OECD (1994, S. 250 und 522), OECD (1987, S. 228 und 504) und eigene Berechnungen. Ab 1991 sind die Zahlen für das vereinigte Bundesgebiet herangezogen worden. Die der Abbildung zugrundeliegenden Werte der Körperschaftsteuerquoten können in Anhang 8 Tabelle T7 nachgelesen werden.
[2] Vgl. Graf (1999, S. 17).

stitionstätigkeit erreichen. Allerdings sind nicht alle Investitionen dazu geeignet, bei der Zielverwirklichung mitzuwirken, sondern häufig nur spezielle Arten. Daher soll sich die Abgrenzung der für das Thema relevanten Investitionen aus ihrer Wirkung auf ausgewählte gesamtwirtschaftliche Ziele ableiten. Dabei ist zu bedenken, daß der Zusammenhang zwischen Investitionen und diesen Zielen, ebenso wie die in dieser Arbeit untersuchte Beziehung zwischen Steuern und Investitionen, nicht eindeutig ist. Die Problematisierung dessen würde aber den Rahmen dieser Arbeit sprengen. Daher soll es bei diesem Hinweis bleiben. Im weiteren werden somit die von der Standardliteratur unterstellten Wirkungszusammenhänge zugrunde gelegt, um die relevanten Investitionen herauszuarbeiten, wohl wissend, daß diese auch angezweifelt werden können.

4.1 Investitionen als Indikator für die internationale Wettbewerbsfähigkeit

In der aktuellen politischen Diskussion werden Investitionen immer wieder als Indikator für die internationale Wettbewerbsfähigkeit herangezogen. Aus diesem Grund soll zunächst der Frage nachgegangen werden, welche Investitionen etwas über den Stand der internationalen Wettbewerbsfähigkeit eines Landes aussagen. Im nächsten Unterkapitel wird daher diskutiert, wie Arten von Investitionen unter Berücksichtigung ihrer Aussagefähigkeit bezüglich der internationalen Wettbewerbsfähigkeit abgegrenzt werden müssen. Hierbei bleibt vorläufig unbeachtet, ob die so bestimmten Investitionen statistisch erfaßbar sind. Dieser Frage wird erst im darauffolgenden Unterkapitel nachgegangen.

4.1.1 Eingrenzung der relevanten Investitionsarten

In der Literatur existieren zahlreiche verschiedene Definitionen für internationale Wettbewerbsfähigkeit, wodurch die Eingrenzung der relevanten Investitionen anhand dieses Kriteriums erheblich erschwert wird[1]. Eine mögliche Definition, der zahlreiche Autoren so oder in leicht abgewandelter Form folgen, legt fest, daß die „internationale Wettbewerbsfähigkeit einer Volkswirtschaft [..] in dem Ausmaß [besteht], in dem sie in der Lage ist, unter freien und fairen Marktbedingungen Güter und Dienstleistungen zu produzieren und auf internationalen Märkten erfolgreich abzusetzen und gleichzeitig die Realeinkommen ihrer Bürger zu steigern"[2]. Um dieses zu erreichen, bedarf es daher u.a. der Fähigkeit eines Landes, sich den wandelnden Strukturen auf den Weltmärkten anzupassen[3].

[1] Vgl. Gries / Hentschel (1994, S. 416).
[2] Deger (1995, S. 6).
[3] Vgl. Deger (1995, S. 7).

Diesbezüglich wird in der Regel den Direktinvestitionen eine wichtige Rolle zugesprochen. Allerdings wird ihre Funktion in dem Anpassungsprozeß je nach Autor ganz unterschiedlich eingeschätzt. So gehen Klepsch / Legrand / Samm davon aus, daß die internationale Wettbewerbsfähigkeit von der Fähigkeit eines Landes, inländische Investoren an das Inland zu binden und ausländische Investoren ins Inland zu locken, bestimmt wird[1]. Folgt man diesen Vorstellungen, so ist ein positiver Saldo der Direktinvestitionen als gutes Zeichen anzusehen, wohingegen ein negativer Saldo als Problem zu interpretieren ist. Demgegenüber betont Heise, daß die Tätigung von Direktinvestitionen auch der Verbesserung der Wettbewerbsfähigkeit dienen soll, da sie auf die Erschließung ausländischer Märkte zielen kann[2]. Insofern wäre ein negativer Saldo nicht ohne weiteres problematisch und ein positiver Saldo nicht automatisch ein Indikator für eine hohe internationale Wettbewerbsfähigkeit. Diese unterschiedliche Einschätzung läßt sich teilweise dadurch erklären, daß die Autoren verschiedene Annahmen über die Ursachen, die zur Tätigung von Direktinvestitionen führen, treffen. Sind die Investitionen auf die Erschließung neuer Märkte oder auf die Sicherung bereits erschlossener Märkte gerichtet, so kann ihr negativer Saldo eher als Verbesserung der Wettbewerbsfähigkeit verstanden werden[3]. Eine Verlagerung der Produktionsstätten aus Kostengründen hingegen dürfte als Indikator für eine nachlassende Wettbewerbsfähigkeit interpretiert werden[4]. Daher kann der negative Saldo bei einer solchen Motivation auch als für die zukünftige Entwicklung eines Landes problematisch angesehen werden. Möchte man Direktinvestitionen als Indikator für die Wettbewerbsfähigkeit heranziehen, ist also eine Unterscheidung in kostenmotivierte und absatzmotivierte Direktinvestitionen vorzunehmen.

4.1.2 Direktinvestitionsstatistiken

Direktinvestitionen werden in zahlreichen Statistiken, die vorwiegend von nationalen Institutionen erstellt werden, festgehalten. In Deutschland wird die grenzüberschreitende Investitionstätigkeit u.a. von der Deutschen Bundesbank, in Großbritannien von Her Majesty's Stationery Office erfaßt[5]. Aber auch internationale Institutionen - wie beispielsweise die OECD - erstellen Direktinvestitionsstatistiken. Allerdings erhebt die OECD nicht selber nach eigenständigen Kriterien Daten, sondern zieht die Daten, die von den nationalen Institutionen

[1] Vgl. Kromphardt / Bathe (1997, S. 363).
[2] Vgl. Heise (1993, S. 349).
[3] Vgl. Kromphardt / Bathe (1997, S. 372), Heise (1993, S. 349).
[4] Vgl. Kroker (1995, S. 710).
[5] Vgl. OECD (1993, S. 270 und 293).

ermittelt werden, heran[1]. Diese Tatsache führt jedoch insbesondere bei internationalen Studien zu großen Problemen. So existieren nationale Erfassungsunterschiede, die in erster Linie aus der unterschiedlichen Abgrenzung, aber auch aus der verschiedenen Aufbereitung des Datenmaterials resultieren[2]. Des weiteren weisen auch die nationalen Statistiken in sich Unstimmigkeiten auf[3]. So enthalten die Statistiken weder konsistente noch untereinander vergleichbare Zeitreihen[4]. Die Abweichungen beschränken sich dabei nicht nur auf das Niveau, sondern bestehen auch im Vorzeichen von Nettoinvestitionen, wodurch diese Statistiken letztlich willkürliche Erklärungen liefern[5]. Diese Probleme für sich genommen zeigen bereits, daß eine Untersuchung und insbesondere ein Vergleich der Direktivestitionen auf Basis dieses Datenmaterials nicht besonders sinnvoll ist.

Darüber hinaus bedürfte es - wie im vorherigen Unterkapitel erläutert - einer Unterscheidung der Direktivestitionen nach den ihnen zugrundeliegenden Motivationen. Eine solche Untergliederung liegt jedoch keiner Direktinvestitionsstatistik zugrunde. Dadurch wird aber eine Einschätzung der internationalen Wettbewerbsfähigkeit auf Basis der grenzüberschreitenden Investitionen unmöglich. Es kann dann nämlich nicht beurteilt werden, inwieweit die herangezogenen Investitionswerte ein positives oder ein negatives Zeichen für die internationale Wettbewerbsfähigkeit sind, so daß ihnen diesbezüglich keine Aussagekraft mehr zukommt.

Aus diesen Gründen wird von einer Analyse der Direktinvestitionen abgesehen.

4.2 Investitionen als Mittel zur Förderung von Wirtschaftswachstum und Beschäftigung

Da mit Hilfe des Ziels der internationalen Wettbewerbsfähigkeit zwar theoretisch eine Eingrenzung der relevanten Investitionen entwickelt werden kann, jedoch für die so eingegrenzten Investitionen keine aussagekräftigen, vergleichbaren Daten existieren, wird im folgenden nach weiteren Kriterien zur Eingrenzung der zu betrachtenden Investitionen gesucht. Neben der internationalen Wettbewerbsfähigkeit sind in der aktuellen politischen Diskussion die Ziele Wirtschaftswachstum und Vollbeschäftigung im Gespräch. So liegen diese bei-

[1] Vgl. OECD (1993, S. 3).
[2] Vgl. Härtel / Jungnickel (1998, S. 93), OECD (1993, S. 10, 268 - 270 und 291 - 293).
[3] Vgl. Roloff et al. (1994, S. 192).
[4] Vgl. Roloff et al. (1994, S. 5).
[5] Vgl. Roloff et al. (1994, S. 5).

spielsweise der geplanten Steuerreform - wie in Unterkapitel 1.1 bereits erwähnt - zugrunde[1].
Versteht man Wirtschaftswachstum als Zunahme der Gütermenge einer Volkswirtschaft, welche durch Steigerung der Güterproduktion erreicht wird, so müssen wachstumspolitische Maßnahmen auf die Erhöhung des Produktionsergebnisses zielen[2]. In der Literatur wird überwiegend davon ausgegangen, daß zwar jedes wirtschaftliche Handeln das Wirtschaftswachstum in irgendeiner Weise positiv oder negativ beeinflußt, daß aber das Wachstum des Produktionspotentials[3] und eine höhere Auslastung desselben von besonderer Wichtigkeit sind[4]. Besteht Vollauslastung des Produktionsfaktors Kapital, so wird die Steigerung der Güterproduktion nur durch die qualitative und / oder quantitative Veränderung des Kapitalstocks ermöglicht[5]. Allerdings sind lediglich diejenigen Investitionen dazu geeignet, die mit einer Kapazitätserweiterung einhergehen. Insofern lassen sich für Wirtschaftswachstumszwecke geeignete Investitionen bestimmen als jede Festlegung von Mitteln zur Erhöhung des zukünftigen Produktionsergebnisses durch Erweiterung der Kapazität[6]. Zum Wachstum kann es jedoch nur kommen, wenn die zusätzliche Kapazität aufgrund ausreichender Nachfrage auch ausgenutzt wird[7].
Ein weiteres außerfiskalisches Ziel liegt in der Vollbeschäftigung[8]. Inwiefern Investitionen dieses Ziel unterstützen, ist strittig[9]. Ein hoher Beschäftigungsstand wird nämlich nicht direkt durch eine Erhöhung der Investitionen erreicht, sondern lediglich indirekt über andere Größen, wie beispielsweise über das Wirtschaftswachstum[10]. In der Regel wird folgender Zusammenhang unterstellt: Vermehrte Nachfrage bewirkt eine größere Zahl an Aufträgen, welche zu einer höheren Auslastung der Produktionsfaktoren führt und darüber auch zu mehr Beschäftigung[11]. Bei Vollauslastung des Sachkapitals müssen Investitionen getätigt werden, um zusätzliche Nachfrage befriedigen zu können. Insofern stellen Investitionen unter diesen Bedingungen eine indirekte Voraussetzung für mehr Beschäftigung dar. Neben diesem indirekten Zusammenhang liegt jedoch eine

---

[1] Vgl. Deutscher Bundestag (1998, S. 1).
[2] Vgl. Graf (1999, S. 219).
[3] Unter Produktionspotential wird jene Produktionsleistung verstanden, die bei Normalauslastung der Arbeitskräfte und der vorhandenen Sachkapazitäten erzielt werden könnte. Vgl. Köhler (1998, S. 90), Altmann (1995, S. 77).
[4] Vgl. Altmann (1995, S. 38), Molitor (1995, S. 198).
[5] Vgl. Kromphardt (1998b, S. 11).
[6] Vgl. Zwer (1994, S. 182).
[7] Vgl. Nowotny (1996, S. 518).
[8] Vgl. Graf (1999, S. 206).
[9] Vgl. Kromphardt (1998a, S. 117 - 118).
[10] Vgl. Majer (1997, S. 13).
[11] Vgl. Majer (1997, S. 13).

gegensätzliche direkte Beziehung zwischen Beschäftigung und Investitionstätigkeit vor. So kann im begrenzten Ausmaß Arbeit durch Kapital substituiert werden, wodurch bereits bestehende Arbeitsplätze vernichtet werden[1]. Bei solchen Investitionen in ihrer reinen Form bleibt die Kapazität in der Regel auf dem alten Stand.

4.2.1 Relevante Investitionsarten für Wirtschaftswachstum und Beschäftigung

Auf der Basis dieser Überlegungen können nun die für diese Arbeit relevanten Investitionen herausgearbeitet werden. So liefert die Orientierung an den zuvor dargelegten gesamtwirtschaftlichen Zielen eine Grundlage, um eine Abgrenzung der relevanten Investitionsarten vorzunehmen. Die sich so ergebende Untergliederung von Investitionen ist jedoch idealtypischer Natur, d.h. es wird allein aufgrund theoretischer Überlegungen aufgezeigt, welchen Investitionen in der weiteren Diskussion Beachtung geschenkt werden müßte. Ob diese Investitionen statistisch ermittelt werden oder sich überhaupt erfassen lassen, wird in diesem Unterkapitel noch nicht berücksichtigt. An dieser Stelle ist es zunächst einmal nur wichtig hervorzuheben, welche Unterscheidungen in bezug auf die Ziele getroffen werden müßten.
Berücksichtigt man die Ziele Wirtschaftswachstum und Vollbeschäftigung, so sind nicht alle die Güter, die in der Regel in der Fachliteratur als Investitionen bezeichnet werden, von Bedeutung. Da Wirtschaftswachstum als Zunahme der Gütermenge einer Volkswirtschaft definiert wurde, sind diesbezüglich nur solche Güter zu den Investitionen zu zählen, die dazu beitragen, die Gütermenge einer Volkswirtschaft zu erhöhen[2]. Solche Güter sollen im weiteren als Produktionsmittel bezeichnet werden, da sie in den Produktionsprozeß einfließen, um Güter jeglicher Art zu erstellen. Unter diesem Gesichtspunkt handelt es sich bei den Finanzinvestitionen um keine für diese Arbeit relevanten Investitionen, da diese nicht als Produktionsmittel in den Produktionsprozeß eingehen und gesamtwirtschaftlich für diesen lediglich als Finanzierung von Investitionen relevant sind.
Eine der vielen möglichen Einteilungen von Investitionen besteht nun in der Untergliederung der Investitionen in Reinvestitionen und Erweiterungsinvestitionen. Als Unterscheidungskriterium für diese beiden Investitionsarten soll die Frage herangezogen werden, inwieweit die Investitionen mit einer Kapazitätserweiterung einhergehen. Erweiterungsinvestitionen sollen daher definiert werden als Investitionen, die auf dem Wege der Vergrößerung von vorhande-

[1] Vgl. Kromphardt (1998a, S. 112), Peffekoven (1996, S. 141).
[2] Vgl. Graf (1999, S. 219).

nem oder der Schaffung von neuem Leistungspotential eine Erhöhung der Produktionskapazität auslösen[1]. Diese Investitionen dürften vornehmlich bei steigender Nachfrage vorgenommen werden, da nur dann zusätzliche Kapazität benötigt wird. Prinzipiell macht die Förderung von Investitionen zur Erreichung der Ziele also nur dann Sinn, wenn die Absatzerwartungen hoch genug sind, weil dann eher damit gerechnet werden kann, daß in erster Linie Erweiterungsinvestitionen unterstützt werden[2]. Liegt vermehrte Nachfrage und Vollauslastung des Produktionsfaktors Kapital vor, so können Erweiterungsinvestitionen als geeignet interpretiert werden, das Wirtschaftswachstum zu fördern und dadurch auch die Beschäftigung zu erhöhen. Insofern ist es sinnvoll - versteht man Investitionsförderung als Mittel zur Förderung dieser gesamtwirtschaftlichen Ziele - die Erweiterungsinvestitionen zu unterstützen und sie gegebenenfalls - wenn ein negativer Zusammenhang zwischen der Besteuerung und ihrer Tätigung besteht - von Steuern zu entlasten.

Unter dem Begriff „Reinvestitionen“ sollen nun im weiteren alle Investitionen zusammengefaßt werden, die nicht mit einer Steigerung der Produktionskapazität verbunden sind. Diesen Investitionen kommt daher in bezug auf das Wirtschaftswachstum keine bedeutende Funktion zu. Bezüglich des Beschäftigungsziels spielt jedoch eine besondere Form der Reinvestitionen eine entscheidende Rolle und zwar die Rationalisierungsinvestitionen. Rationalisierungsinvestitionen sollen in dieser Arbeit definiert werden als Investitionen, bei denen bei gleichbleibender Ausbringungsmenge die menschliche Arbeit durch maschinelle ersetzt wird[3]. Da die reinen Rationalisierungsinvestitionen das Wirtschaftswachstum nicht direkt fördern, bleibt der positive Effekt für die Beschäftigung aus. Demgegenüber werden aber durch Vornahme solcher Investitionen Arbeitsplätze abgebaut. Dieser Investitionstyp ist also von anderen Investitionen abzugrenzen, weil er im Gegensatz zu den Erweiterungsinvestitionen eine Verschlechterung der Situation auf dem Arbeitsmarkt mit sich bringt. Insofern kann die Förderung von Investitionen auch negative Konsequenzen für die Beschäftigung haben. Deshalb sind Rationalisierungsinvestitionen gesondert zu betrachten, da zur Verfolgung des Vollbeschäftigungsziels eher eine Einschränkung derselben als erstrebenswert angesehen werden kann.

Es bleibt also festzuhalten, daß insbesondere Erweiterungsinvestitionen und Rationalisierungsinvestitionen einer getrennten Untersuchung bedürfen, da bei ihnen bezüglich des Wachstums- und Beschäftigungsziels unterschiedliche Wirkungen zu erwarten sind.

---

[1] Vgl. Eilenberger (1997, S. 129), Olfert (1992, S. 30).
[2] Vgl. Kromphardt (1998a, S. 118-119).
[3] Vgl. Eilenberger (1997, S. 130).

4.2.2 Statistische Erfassung

Nachdem dargelegt wurde, welche Investitionen unter den Gesichtspunkten Wirtschaftswachstum und Vollbeschäftigung betrachtet werden müßten, kann nun untersucht werden, inwiefern diese statistisch erfaßt werden. Hierzu muß zunächst eine der vielen Statistiken, die Investitionsdaten für Deutschland und für Großbritannien enthalten, ausgewählt werden (Unterkapitel 4.2.2.1). Anschließend kann dann diskutiert werden, ob die benötigten Daten über die mit Hilfe der beiden gesamtwirtschaftlichen Ziele zuvor bestimmten Investitionsarten der Statistik entnommen werden können (Unterkapitel 4.2.2.2).

4.2.2.1 Investitionserfassung in nationalen und internationalen Statistiken

Grundsätzlich werden inländische Investitionen von verschiedenen Statistiken erfaßt, die zum einen von nationalen, zum anderen aber auch von internationalen Organisationen erstellt werden. Mit der Zeit haben sich zwei internationale Standards der Volkswirtschaftlichen Gesamtrechnungen herausgebildet, an denen sich die meisten nationalen und internationalen Gesamtrechnungen orientieren und zwar das „System of National Accounts" (SNA) sowie das „Europäische System Volkswirtschaftlicher Gesamtrechnungen" (ESVG)[1]. Als Vorläufer der aktuellen Systeme bleibt das Standardsystem Volkswirtschaftlicher Gesamtrechnungen der OEEC von 1952 zu nennen[2]. Das SNA, das von der UN 1953 entwickelt und erstmals 1968 geändert wurde, fungiert als Empfehlung für alle westlichen Volkswirtschaften[3]. 1993 wurde dieses System einer weiteren Revision unterzogen, aus der das sehr komplexe und umfassende SNA 1993 hervorging[4]. Das ESVG wurde 1970 - in Anlehnung an das SNA 1968 - speziell für die europäischen Mitgliedstaaten konzipiert[5]. Daher ist es gegenüber dem SNA eher auf hoch entwickelte, relativ gleichartige Volkswirtschaften abgestimmt[6]. Dieses System wurde erstmals 1979 revidiert. Dieser Revision folgte im Jahre 1995 eine weitere Überarbeitung, bei der man sich im wesentlichen an dem SNA 1993 orientierte und aus der das ESVG 1995 hervorging[7].
Für Deutschland werden Daten über inländische Investitionen u.a. vom Bundesamt für Statistik im Rahmen der Volkswirtschaftlichen Gesamtrechnungen ermittelt. Diese Statistik folgt weitestgehend den Empfehlungen der SNA 1968

[1] Vgl. von der Lippe (1996, S. 187 - 188).
[2] Vgl. Statistisches Bundesamt (1998, S. 21).
[3] Vgl. Rinne (1996, S. 420), Statistisches Bundesamt (1998, S. 21).
[4] Vgl. von der Lippe (1996, S. 189).
[5] Vgl. von der Lippe (1996, S. 188).
[6] Vgl. Rinne (1996, S. 420).
[7] Vgl. von der Lippe (1996, S. 189), The Stationery Office (1998, S. 8).

und des ESVG 1970[1]. Abweichungen von diesen liegen aber bei der Sektorenbildung sowie bei der Definition einzelner Größen vor[2]. Insbesondere unterscheidet sich die Gliederung der Investitionen nach ihrer Art von der der genannten Bezugssysteme[3]. In Großbritannien werden Daten über die inländische Investitionstätigkeit von dem Stationery Office erhoben. Diese Statistik wird heute nach den Empfehlungen des ESVG 1995 erstellt[4]. Vor 1998 existierte ein eigener britischer Standard, der sich zwar an den internationalen orientierte, aber auch zahlreiche Unterschiede zu ihnen aufwies[5]. Der Wechsel zu dem heute genutzten ESVG 1995 ging mit Veränderungen in allen Bereichen der Statistik einher. Er betraf u.a. die Unterteilung in die Sektoren, aber auch die Zurechnung der einzelnen Güter zu den Investitionen, so daß ein- und derselbe Investitionsbegriff anderen Abgrenzungs- und Zuordnungskriterien unterliegt[6]. Dies hat zur Folge, daß für die Daten ab 1997 nur noch für den Zeitraum ab 1989 konsistente Zeitreihen zur Verfügung stehen. Aufgrund der Unterschiede und Probleme lassen sich die Daten aus den nationalen Gesamtrechnungen für einen Vergleich der beiden Länder nicht heranziehen.
Internationale Organisationen, wie die OECD aber auch die EUROSTAT, halten ebenfalls inländische Investitionen für Deutschland und für Großbritannien statistisch fest[7]. Für die hier benötigten Zwecke erweist sich die Statistik „National Accounts“, mit der bereits in Unterkapitel 3.3.2.2 ff. bei der Berechnung der Körperschaftsteuerquoten gearbeitet wurde, als am geeignetsten. So stellt diese Statistik eine weitgefächerte Untergliederung der Investitionen zur Verfügung. Besonders wichtig für das nachfolgende Kapitel 5 ist darüber hinaus die Tatsache, daß die Investitionen – zumindest teilweise - für die Körperschaften und Quasikörperschaften[8] getrennt ermittelt werden. Diese Statistik, die jährlich in zwei Bänden erscheint, wird von der OECD erstellt[9]. Sie folgt dem SNA 1968 und enthält auf dessen Basis sowohl für Deutschland als auch für Großbritannien längere Zeitreihen über Investitionen[10]. Die Investitionsdaten werden dabei im Rahmen der Verwendungsrechnung nach dem Inlandskonzept erhoben.

---

[1] Vgl. Statistisches Bundesamt (1998, S. 21).
[2] Vgl. Statistisches Bundesamt (1998, S. 21).
[3] Vgl. Statistisches Bundesamt (1998, S. 187), UN (1968, S. 114 - 115).
[4] Vgl. The Stationery Office (1998, S. 5).
[5] Vgl. Her Majesty's Stationery Office (1985, Preface).
[6] Vgl. The Stationery Office (1998, S. 8 und 9).
[7] Vgl. Haeder (1992, S. 130 - 132).
[8] Für die genau Definition dieses Begriffs vgl. Unterkapitel 3.3.2.3.
[9] Vgl. Haeder (1992, S. 98).
[10] Vgl. OECD (1995, S. 4).

4.2.2.2 Die in den National Accounts der OECD erfaßten Investitionsarten

Statistisch erfaßt werden Investitionen, indem ihr „Wert“ - in Geldeinheiten ausgedrückt - ermittelt und niedergeschrieben wird. Dadurch gehen auf jeden Fall die qualitativen Unterschiede der Investitionen verloren. So können lediglich quantifizierbare Daten festgehalten werden, wie beispielsweise der Geldbetrag, der den Investitionen als „Wert“ unter Berücksichtigung bestimmter Kriterien zugeordnet wird. Um dennoch in gewissem Maß über eine Unterscheidung der Investitionen nach einzelnen qualitativen Merkmalen verfügen zu können, werden die Investitionen in Statistiken nach bestimmten Gesichtspunkten untergliedert. Auf diese Untergliederung soll daher genauer eingegangen werden und es soll untersucht werden, inwiefern sie mit der unter wachstums- und beschäftigungspolitischen Gesichtpunkten notwendigen Einteilung korrespondiert.

4.2.2.2.1 Investitionen als Produktionsmittelerhöhung

Zunächst einmal ist zu überprüfen, inwieweit alle Güter, die unter der Position „Investitionen“ ausgewiesen sind, auch als Produktionsmittel im Produktionsprozeß mitwirken können. Hierzu bedarf es einer genaueren Betrachtung der Abgrenzung und Untergliederung dieser Position.
In der Statistik der OECD werden Investitionen in Bestandsveränderungen (increase in stocks) und Bruttoanlageinvestitionen (gross fixed capital formation) unterteilt[1]. Unter Bestandsveränderungen werden dabei alle physischen Veränderungen derjenigen Erzeugnisse zusammengefaßt, bei denen es sich um Materialien, Hilfs- und Betriebsstoffe, unvollendete Erzeugnisse (ausgenommen für Bauvorhaben), fertige Produkte, für die Schlachtung und den Verkauf bestimmten Viehbestand inländischer Unternehmen und strategische Materialien sowie Katastrophenbestände des Staates handelt[2]. Zu diesen Beständen gehören also auch Güter, die einen Teil des Sachgüteroutputs, der noch nicht verwendet wurde, ausmachen[3]. Zu den Investitionen in dem in Unterkapitel 4.2.1 festgelegten Sinne wären diese Bestände aber nur zuzurechnen, wenn ausschließlich noch nicht fertiggestellte Güter vorliegen würden, die später als Produktionsmittel in den Produktionsprozeß eingehen können. Inwieweit dieses gegeben ist, läßt sich aber weder aus den Daten der Statistik noch aus den Erläuterungen dazu entnehmen. Es ist jedoch zu vermuten, daß dieser Güterart bei den Bestandsveränderungen eine eher untergeordnete Bedeutung zukommt. Da dann aber überwie-

---

[1] Vgl. OECD (1995, S. 563), Haeder (1992, S. 77 und 78), UN (1968, S. 110).
[2] Vgl. OECD (1995, S. 564), Haeder (1992, S. 100).
[3] Vgl. Zwer (1994, S. 186).

gend Konsumgüter in der Position der Bestandsveränderungen erfaßt werden, werden die Bestandsveränderungen aus der Betrachtung ausgeschlossen.
Bruttoanlageinvestitionen werden von der OECD definiert als die „outlays (purchases and own-account production) of industries, producers of government services and producers of private non-profit services to households, on additions of new durable goods (commodities) to their stocks of fixed assets less their net sales of similar second-hand and scrapped goods"[1]. Diese Definition bezieht sich somit nicht - wie für diese Arbeit benötigt - auf den Zweck, dem die Güter dienen, sondern darauf, wer die Güter erwirbt, und um welche Art von Güter es sich handelt. Um die Daten also benutzen zu können, muß ein Zweck unterstellt werden, den die Wirtschaftssubjekte mit diesen speziellen Gütern verfolgen. Geht man davon aus, daß die Art eines Gutes über seinen Verwendungszweck etwas aussagt, so kann folgendes angenommen werden: Da die in den Bruttoanlageinvestitionen enthaltenen Güterarten bis auf die Wohngebäude unmittelbar oder mittelbar für den Produktionsprozeß geeignet sind, können sie als Produktionsmittel aufgefaßt werden. Unter der Annahme, daß es sich bei allen Bruttoanlageinvestitionen ohne Wohngebäude um Produktionsmittel in dem in Unterkapitel 4.2.1 definierten Sinne handelt, können diese der weiteren Untersuchung zugrunde gelegt werden. Letztlich ist dann noch anzumerken, daß es durchaus problematisch ist, daß nur langlebige Güter erfaßt werden, weil auch kurzlebige Güter im Produktionsprozeß eine Rolle spielen können.
Abschließend bleibt also festzuhalten, daß bereits hier zwischen den mit Hilfe der Kriterien Wirtschaftswachstum und Vollbeschäftigung abgegrenzten Investitionen und den statistisch ermittelbaren Bruttoanlageinvestitionen ohne Wohngebäude ein Unterschied besteht, der die Aussagefähigkeit des Ergebnisses beeinträchtigen kann.

4.2.2.2.2 Statistische Erfassung von Erweiterungs- und Rationalisierungsinvestitionen

Wie in Unterkapitel 4.2.1 herausgearbeitet, wären nun die Erweiterungsinvestitionen und die Rationalisierungsinvestitionen getrennt zu betrachten. Zuerst soll daher untersucht werden, inwiefern Erweiterungsinvestitionen und Reinvestitionen in den „National Accounts" festgehalten sind. Eine Annäherung an diese Unterteilung läßt sich möglicherweise durch die Unterscheidung von Nettoinvestitionen und Abschreibungen erreichen. Bei Nettoinvestitionen wird versucht, die Wertminderung, die durch wirtschaftliches Veraltern und Verschleiß in der Produktion entsteht, zu berücksichtigen[2]. Daher werden die Bruttoinvestitionen

---

[1] OECD (1998, S. 643).
[2] Vgl. Brümmerhoff (1991, S. 11).

um die Abschreibungen, durch die die Wertminderung rechnerisch erfaßt werden soll, vermindert, um so die Nettoinvestitionen zu erhalten[1]. Die Reinvestitionen beinhalten demgegenüber nur Investitionen, die nicht zu einer Produktionskapazitätserweiterung führen. Der Wert der Reinvestitionen ist daher nicht mit dem Abschreibungsbetrag gleichzusetzen, da der Abschreibungsbetrag durchaus den Wert von Investitionen enthalten kann, die mit einer Produktionskapazitätserhöhung einhergehen. Da die Abschreibungen lediglich als Betrag der Wertminderung in der Produktion ermittelt werden, wird nichts über die diese Wertminderung ersetzenden Investitionen ausgesagt. Bei ihnen kann es sich um reine Ersatzinvestitionen handeln oder aber auch um Investitionen, die das Leistungspotential erhöhen. Somit stimmen dann auch nicht die aus der Differenz von Bruttoinvestitionen und Abschreibungen berechneten Nettoinvestitionen mit den Erweiterungsinvestitionen überein. Die Unterscheidung in Re- und Erweiterungsinvestitionen ist insofern nicht mit der Differenzierung in Abschreibungen und Nettoinvestitionen identisch. Trotz dieser Probleme sollen die Nettoinvestitionen im weiteren als Indikator für die Erweiterungsinvestitionen herangezogen werden. Dies ist möglich, wenn man annimmt, daß die verschlissenen Anlagen durch Anlagen mit gleicher Kapazität ersetzt werden und daß der Wert dieser verbrauchten Anlagen, der in der Statistik zum Ansatz gebracht wird, mit dem der sie ersetzenden übereinstimmt. Für diesen Fall enthält dann die Position der Nettoinvestitionen den Wert der Erweiterungsinvestitionen.
Für die Rationalisierungsinvestitionen läßt sich, wie die folgenden Überlegungen zeigen werden, kein aussagefähiger Indikator finden. Diese Investitionen sind dadurch definiert, daß sie bei gleichbleibender Ausbringungsmenge zu einer Substitution von menschlicher durch maschinelle Arbeit führen. Somit gehören sie zu den Reinvestitionen. Daß die Reinvestitionen nur unter starken Annahmen durch die Abschreibungen repräsentiert werden, wurde bereits erläutert. Unüberwindbare Probleme resultieren jedoch erst aus der Tatsache, daß nur ein Teil der Reinvestitionen zu den Rationalisierungsinvestitionen gehört und daß sich dieser Teil nicht bestimmen läßt.
Insofern können der weiteren Betrachtung lediglich die Erweiterungsinvestitionen zugrunde gelegt werden. Hierzu müßten die Nettoanlageinvestitionen ohne Wohngebäude herangezogen werden. Da die Abschreibungen jedoch nur für alle Investitionen insgesamt ermittelt werden und nicht für die einzelnen Investitionsarten getrennt ausgewiesen werden, ist dieses nicht möglich. Darüber hinaus wäre es sinnvoll, nur die Investitionen der Körperschaften und Quasikörperschaften in der Untersuchung zu benutzen, da sich ein Zusammenhang zwischen Körperschaftsteuer und Investitionen - falls er besteht - besser aufzeigen ließe. Eine Unterteilung nach Wirtschaftssubjekten ist aber ebenfalls nur für die Investitionen und Abschreibungen insgesamt und nicht für die einzelnen Investi-

[1] Vgl. Brümmerhoff (1991, S. 11 und 46).

tions- und Abschreibungsarten erhältlich. Aus diesen Gründen werden im folgenden zwei Indikatoren für die Erweiterungsinvestitionen verwendet, und zwar die Nettoanlageinvestitionen der Körperschaften und Quasikörperschaften und die Bruttoanlageinvestitionen ohne Wohngebäude. Mit ihrer Hilfe kann dann diskutiert werden, inwiefern unter wachstums- und beschäftigungspolitischen Gesichtspunkten wichtige Investitionen durch Steuern beeinflußt werden. Diese Untersuchung kann allerdings nur auf Basis starker Annahmen durchgeführt werden. Eine Analyse der die Beschäftigungsziele negativ beeinflussenden Rationalisierungsinvestitionen muß leider unterbleiben, da für sie kein geeigneter Indikator ermittelt werden konnte.

4.3 Die Entwicklung der Investitionen in Deutschland und in Großbritannien

Nachdem die für das Wirtschaftswachstum und die Beschäftigung relevanten Investitionen herausgearbeitet und die statistischen Erfassungsprobleme dieser

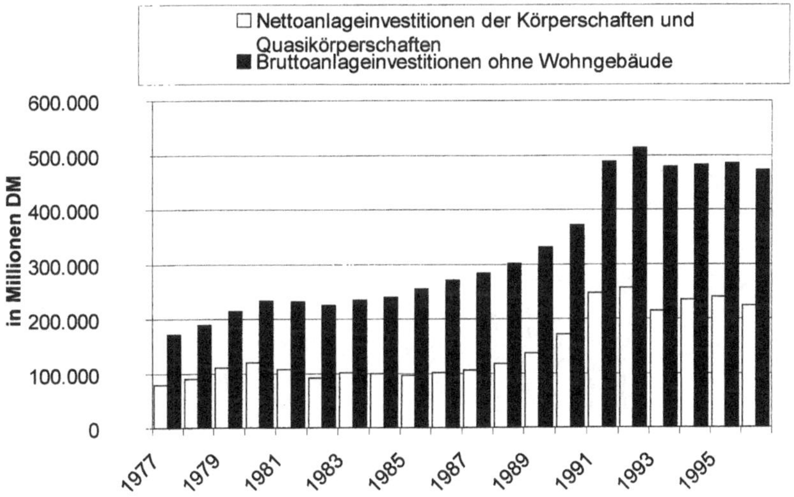

Abbildung 8: Die Entwicklung der Investitionen in Deutschland[1]

[1] Vgl. OECD (1998, S. 306, 309, 330 und 333), OECD (1994, S. 250 und 253), OECD (1987, S. 228 und 231) und eigene Berechnungen. Ab 1991 sind die Zahlen für das vereinigte Bundesgebiet zugrunde gelegt worden. Die exakten Werte sind in Anhang 9 Tabelle T8 eingetragen.

diskutiert wurden, läßt sich nun die Entwicklung der Investitionstätigkeit in beiden Ländern betrachten.
Abbildung 8 zeigt die Entwicklung der deutschen Nettoanlageinvestitionen der Körperschaften und Quasikörperschaften und der deutschen Bruttoanlageinvestitionen ohne Wohngebäude von 1977 bis 1996 in DM. Betrachtet man den Verlauf, so erkennt man, daß die Investitionshöhe zahlreichen Schwankungen unterlag, daß sich diese Schwankungen aber durch gleichgerichtete Veränderungen beider Investitionsarten auszeichneten. So stiegen beide Investitionen von 1977 bis 1980, verloren aber von 1980 bis 1982 einen teilweise beträchtlichen Teil ihres Zuwachses wieder. Während die Nettoanlageinvestitionen in den darauffolgenden Jahren einen nahezu konstanten Wert von etwa 100 Milliarden DM annahmen, stiegen die Bruttoanlageinvestitionen ohne Wohngebäude leicht an. 1988 begann dann ein starker Anstieg beider Investitionen, der erst 1992 gebremst wurde. Nach einem Einbruch in der Investitionshöhe im Jahre 1993 pendelten die Investitionsausgaben für Nettoanlageinvestitionen seither um einen Betrag von 230 Milliarden DM und die der Bruttoanlageinvestitionen ohne Wohngebäude um einen von 480 Milliarden DM.

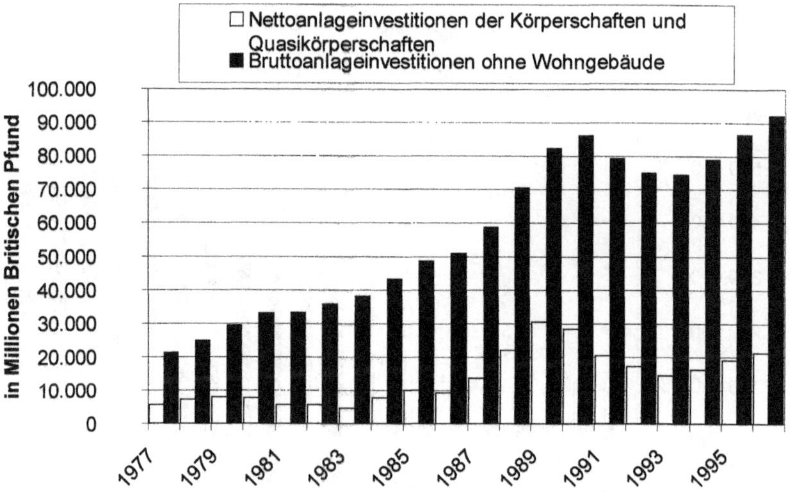

Abbildung 9: Die Entwicklung der britischen Investitionen[1]

[1] Vgl. OECD (1998, S. 612 und 615), OECD (1994, S. 522 und 525), OECD (1987, S. 504 und 507) und eigene Berechnungen. Um die der Abbildung zugrundeliegenden genauen Werte zu erhalten, siehe Anhang 10 Tabelle T9.

Die Entwicklung der Investitionstätigkeit in Großbritannien kann Abbildung 9 entnommen werden. Im Gegensatz zu Deutschland liefen für Großbritannien die beiden Kurven bis 1983 überwiegend nicht in dieselbe Richtung. Während für die Bruttoanlageinvestitionen ohne Wohngebäude ein stetiger Zuwachs zu verzeichnen war, ergab sich für die Nettoanlageinvestitionen der Körperschaften und Quasikörperschaften auf den ersten Blick ein recht heterogenes Bild. Hierfür zeigt sich, daß bis 1979 ein Anstieg in der Nettoinvestitionshöhe auf 8.054 Millionen Britische Pfund vorlag, daß dieser aber ab 1980 einbrach und die Nettoinvestitionen von da an fielen, bis sie 1983 das niedrigste Niveau (4.547 Millionen Britische Pfund) im Betrachtungszeitraum erreichten. Ab 1984 bis 1989 bzw. 1990 war in Großbritannien dann ein großer Zuwachs beider Investitionen (mit einer Ausnahme 1986 bei den Nettoanlageinvestitionen) zu erkennen, wonach - durch starkes Absinken der Investitionsausgaben bedingt - 1993 die Investitionshöhe fast auf das Niveau von 1987 bzw. 1988 zurückfiel. Seitdem war ein Anstieg der Investitionsausgaben ersichtlich.

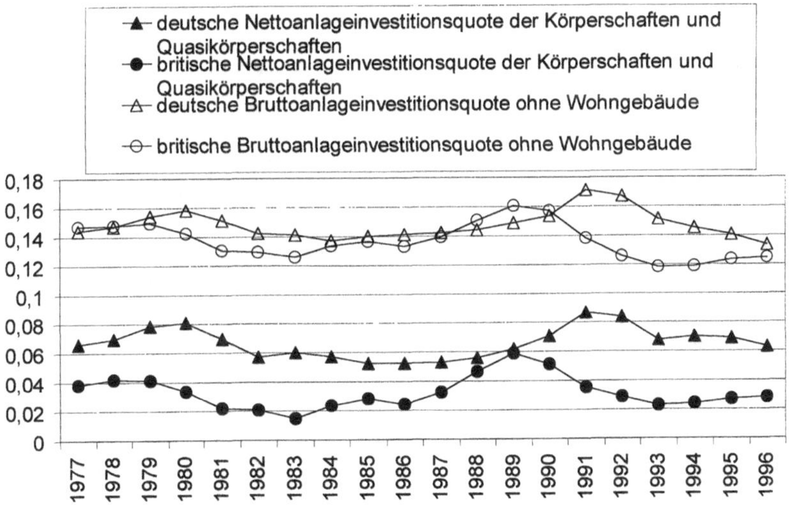

Abbildung 10: Die deutschen und britischen Investitionsquoten im Vergleich[1]

[1] Vgl. OECD (1998, S. 306, 309, 330, 333, 612 und 615), OECD (1994, S. 250, 253, 522 und 525), OECD (1987, S. 228, 231, 504 und 507) und eigene Berechnungen. Ab 1991 sind die Zahlen für das vereinigte Bundesgebiet zugrunde gelegt worden. Die exakten Werte sind in Anhang 11 Tabelle T10 enthalten.

Möchte man nun die Investitionstätigkeit in beiden Ländern vergleichen, so können nicht einfach die absoluten Werte in der jeweiligen Landeswährung herangezogen werden. Es bedarf hierzu einer Bezugsgröße, durch die die Investitionsausgaben vergleichbar gemacht werden. Hierfür wird das Bruttoinlandsprodukt, das in der Statistik der OECD ausgewiesen ist, gewählt. Die sich so ergebenden Investitionsquoten sind Abbildung 10 zu entnehmen. Betrachtet man die Abbildung, so ist zu erkennen, daß die deutschen Investitionsquoten tendenziell über den britischen lagen. So gilt dies uneingeschränkt für die Nettoanlageinvestitionsquote der Körperschaften und Quasikörperschaften von 1977 bis 1996. Für die Bruttoanlageinvestitionsquote ohne Wohngebäude wird diese Feststellung in vier Ausnahmejahren (1977 und 1988 bis 1990) widerlegt, ansonsten ebenfalls bestätigt. Dieses Ergebnis widerspricht aber der vereinzelt von Presse und Politik vorgebrachten These, daß in Großbritannien mehr Investitionen, die Wirtschaftswachstum und Beschäftigung fördern, vorgenommen werden als in Deutschland. Ob dieser Widerspruch einzig und allein in Ermittlungsproblemen, die der Bestimmung der Erweiterungsinvestitionen einwandfrei zugrunde liegen, aufgelöst werden kann, bleibt jedoch fraglich.

5 Die Bedeutung der Körperschaftsteuer für Investitionen

Nachdem die Körperschaftsteuer und die Investitionen bisher getrennt untersucht wurden, ist es nun an der Zeit, diese gemeinsam zu betrachten. Dazu werden die in Kapitel 3 und 4 berechneten Daten über die Körperschaftsteuerlast und die Investitionstätigkeit zueinander in Beziehung gesetzt. Da empirisch ermittelte Zusammenhänge ohne eine ihnen zugrundeliegende Kausalbeziehung jedoch wertlos sind, ist es zunächst einmal nötig herauszuarbeiten, auf welche Weise ein Zusammenhang entstehen kann. Diesbezüglich existieren eine Vielzahl von Thesen sowohl von Presse und Politik als auch in der finanzwissenschaftlichen Literatur, denen nachgegangen werden soll.

5.1 Thesen über mögliche Zusammenhänge zwischen Steuern und Investitionen

Darüber, wie ein Zusammenhang zwischen Steuern und Investitionen aussehen könnte, bestehen in Presse und Politik und in der Finanzwissenschaft teilweise unterschiedliche Vorstellungen. Die Aussagen von Presse und Politik beschränken sich in der Regel darauf, einen negativen Zusammenhang zu propagieren. In der finanzwissenschaftlichen Literatur hingegen werden in erster Linie Erklärungen für das Zustandekommen eines wie auch immer gearteten Zusammenhangs gesucht. Da die Thesen von Presse und Politik bereits in Unterkapitel 1.1 dargelegt wurden, wird im nächsten Unterkapitel nur ein kurzer Überblick über diese gegeben. Die Argumentationsgänge in der finanzwissenschaftlichen Literatur werden dann in Unterkapitel 5.1.2 ausführlich erläutert.

5.1.1 Die Thesen von Presse und Politik

Wie in Unterkapitel 1.1 bereits hervorgehoben, wird von Presse und Politik eigentlich ausnahmslos ein negativer Zusammenhang unterstellt. Allerdings weichen die Vorstellungen, auf welche Weise die Reaktionen ausgelöst werden, teilweise voneinander ab. So existieren Aussagen, in denen angenommen wird, daß entweder der plakative, der formale oder der effektive Steuersatz eine Wirkung auf die Investitionstätigkeit hat. Die Thesen von Presse und Politik lassen sich daher in drei Unterthesen gliedern, für die die Untersuchungen getrennt durchgeführt werden müssen.
Deshalb wird erstens der Frage nachgegangen, inwiefern ein negativer Zusammenhang zwischen dem sogenannten plakativen Steuersatz - also dem relevanten Steuersatz bei Thesaurierung inländischer Einkünfte einer inländischen Körperschaft, der für die Mehrzahl der Steuerpflichtigen gilt - und den Investitionen besteht (Unterthese 1). Zweitens wird überprüft, ob zwischen dem formalen Steuersatz und der Investitionstätigkeit eine negative Beziehung festzustellen ist (Unterthese 2). Drittens wird untersucht, inwieweit die effektive Steuerbelastung die Investitionshöhe negativ beeinträchtigt (Unterthese 3).

5.1.2 Die in der Finanzwissenschaft aufgezeigten Zusammenhänge

Die Reaktionen auf Steuern, die in der finanzwissenschaftlichen Literatur berücksichtigt werden, können u.a. in fünf Kategorien gegliedert werden und zwar in die Steuerausweichung, die Überwälzung, die Einholung, die passiven Formen der Anpassung und die Steuerhinterziehung[1]. Die räumliche Steuerausweichung, die Einholung und die passiven Formen der Anpassung haben bezüglich Investitionen eine besondere Bedeutung. Mit ihrer Hilfe wird unter bestimmten Annahmen erklärt, wie eine Beziehung zwischen Steuern und Investitionen entstehen kann. Überwiegend werden in der Finanzwissenschaft dabei Begründungen für eine negative Wirkung der Steuern auf Investitionen geliefert, weshalb auf diese zuerst eingegangen wird. Es gibt aber auch einige Autoren, die eine positive Beziehung zwischen Steuern und Investitionen für möglich halten. Deren Argumentationsgänge werden in Unterkapitel 5.1.2.2 erläutert.

---

[1] Vgl. Graf (1999, S. 128 - 140).

5.1.2.1 Bedingungen für eine negative Wirkung der Steuern auf Investitionen

Eine Reaktion auf Steuern, die in der finanzwissenschaftlichen Literatur angeführt wird, ist die räumliche Steuerausweichung. Bei dieser wird der besteuerte Tatbestand in ein Gebiet verlegt, in dem er einer geringeren oder gar keiner Besteuerung unterliegt[1]. Da sowohl in Deutschland als auch in Großbritannien die Körperschaftsteuer nach - für das gesamte Steuerhoheitsgebiet einheitlichen - Vorschriften erhoben wird, bleibt lediglich die Möglichkeit, den Tatbestand von dem Steuerhoheitsgebiet des einen Landes in das des anderen zu verlagern. Ein solches Verhalten ist allerdings nur zu erwarten, wenn Steuersatzdifferentiale bestehen, an denen die Standortwahl ausgerichtet werden kann[2]. Allgemein wird davon ausgegangen, daß die Steuerlast durch Verlagerung des Ortes, in dem die Körperschaft ansässig ist (Geschäftsleitung / Sitz) oder durch Verlegung des Produktionsstandorts reduziert werden kann[3]. Da eine Verlagerung der Geschäftsleitung oder des Sitzes mit einer äußerst geringfügigen Investitionstätigkeit einhergehen dürfte, ist deren Wirkung auf die Investitionshöhe als irrelevant einzustufen. Insofern bleiben dann lediglich die Steuersatzunterschiede zu berücksichtigen, die bei festgelegtem Ort der Geschäftsleitung oder des Sitzes zwischen Produktionsstandorten bestehen. Für Deutschland und Großbritannien können solche Unterschiede aufgrund des Doppelbesteuerungsabkommens nur dann auftreten, wenn ausländische Einkünfte in einer ausländischen Betriebsstätte erzielt werden, da für die anderen ausländischen Einkünfte sowie für die inländischen Einkünfte gleichermaßen die Vorschriften des Landes, in dem die Körperschaft ansässig ist, gelten[4]. Insoweit kann unter den Voraussetzungen, daß Steuersatzdifferentiale bestehen und daß bei einer Standortverlagerung der Produktion das Betriebsstättenprinzip zum Tragen kommt, für Deutschland und für Großbritannien mit Hilfe der räumlichen Steuerausweichung begründet werden, weshalb eine hohe Steuerlast zu einer geringen Investitionstätigkeit führen kann. An welchem Steuersatz sich der Investor dabei orientiert, kann unterschiedlich sein. So kann er der psychologischen Wirkung des plakativen Steuersatzes erliegen oder aufgrund von rationaler Informationsbeschränkung den formalen Steuersatz als Entscheidungsgrundlage wählen. Es ist aber auch denkbar, daß er wegen der effektiven Steuerbelastung der Steuer räumlich ausweicht. Kann der Steuerpflichtige weder der Steuer ausweichen noch sie überwälzen und möchte er sich ihr auch nicht auf illegale Weise entziehen, so muß er diese

---

[1] Vgl. Graf (1999, S. 128).
[2] Vgl. Nowotny (1996, S. 471).
[3] Vgl. Roloff et al. (1994, S. 72).
[4] Vgl. Unterkapitel 3.2.2 ff.

zunächst einmal tragen, wodurch sich sein Einkommen mindert[1]. Auf diese Einkommensminderung kann mit passiven Formen der Anpassung reagiert werden[2]. Diese zeichnen sich dadurch aus, daß die Reduzierung des Gewinns einfach hingenommen wird und die sich daraus ergebenden Konsequenzen akzeptiert werden[3]. Die Konsequenzen, die nun für Investitionen relevant sind, beziehen sich - nach Meinung einiger Autoren - auf die durch die Steuern veränderte Finanzierungssituation[4]. Von diesen Autoren wird diesbezüglich folgender Zusammenhang unterstellt: Verringert sich der Gewinn durch Steuerzahlungen, so stehen dem Investor weniger Mittel im Rahmen der Selbstfinanzierung zur Verfügung. Erhöht sich umgekehrt der Gewinn aufgrund von Steuerentlastungen, dann erhält der Investor zusätzliche Finanzierungsmittel[5]. Bei der Investitionsentscheidung müssen nun neben der Rentabilität die durch den Finanzierungsspielraum abgesteckten Möglichkeiten beachten werden[6]. Besitzt der Investor nicht genügend Zahlungsmittel, so muß er Investitionen ohne Rücksicht auf deren Rentabilität unterlassen[7]. Diese Argumentation baut auf einigen starken Annahmen auf, die in der Literatur oft nicht deutlich genug hervorgehoben werden. Zum einen erlangen zusätzliche Finanzierungsmittel aufgrund verringerter Steuerlast nur dann Bedeutung, wenn die Selbst-, Eigen- und Fremdfinanzierungsmittel erschöpft sind. Zum anderen müssen die Investitionen rentabel sein, weil dann zu der Investitionsmöglichkeit auch die tatsächliche Investitionsbereitschaft hinzukommt. Nur wenn diese beiden Bedingungen erfüllt sind, können dem Investor durch Steuersenkung Zahlungsmittel zugeführt werden, die die Durchführung einer rentablen Investition, die ansonsten nicht finanzierbar gewesen wäre, ermöglichen. Daher können diese Formen der Anpassung auch nur aufgrund von Änderungen der effektiven Steuerbelastung relevant werden, da nur dann die Finanzierungssituation der Investoren tatsächlich verändert wird. Insoweit kann mit Hilfe der passiven Formen der Anpassung begründet werden, warum eine Steuerentlastung eine höhere Investitionstätigkeit bzw. eine Steuererhöhung weniger Investitionen mit sich bringen kann.

Sowohl durch die räumliche Steuerausweichung als auch durch die passiven Formen der Anpassung wird also unter einigen Annahmen eine Erklärung für eine geringere Investitionstätigkeit bei steigender Steuerbelastung und umgekehrt geliefert. Insofern kann mit Hilfe dieser Reaktionen ein negativer Zusammenhang zwischen Investitionen und Steuern erklärt werden.

---

[1] Vgl. Blazek (1970, S. 41).
[2] Vgl. Zimmermann / Henke (1990, S. 205).
[3] Vgl. Zimmermann / Henke (1990, S. 205).
[4] Vgl. Blazek (1970, S. 47), Graf (1999, S. 138), Zimmermann / Henke (1990, S. 359).
[5] Vgl. Zimmermann / Henke (1990, S. 359).
[6] Vgl. Zimmermann / Henke (1990, S. 357).
[7] Vgl. Blazek (1970, S. 47).

5.1.2.2 Bedingungen für zusätzliche Investitionen aufgrund von Steuererhöhungen

Einen anders gerichteten Zusammenhang erhält man, wenn als Reaktion auf die Besteuerung die Einholung zugrunde gelegt wird. Bei dieser wird - ebenso wie bei den passiven Formen der Anpassung - die Steuerlast zunächst getragen, so daß eine Einkommensminderung eintritt[1]. Insofern knüpfen die Überlegungen zur Einholung ebenfalls an der effektiven Steuerbelastung an, da nur dann auch eine tatsächliche Einkommensminderung eintritt. Im Gegensatz zu den passiven Formen der Anpassung wird die Einkommensminderung jetzt jedoch nicht einfach hingenommen, sondern versucht, diese durch entsprechendes Verhalten zu kompensieren. Die Begründung eines solchen Verhaltens basiert dabei auf der in der finanzwissenschaftlichen Literatur meist nur implizit enthaltenen Annahme, daß der Steuerpflichtige stets ein bestimmtes konstantes Nettoeinkommen erhalten möchte. Bei Einholung reagiert der Steuerpflichtige daher auf die Gewinnminderung, indem er versucht, Maßnahmen zu treffen, durch die sein früheres Nettoeinkommen wieder erreicht wird[2]. Diesbezüglich eröffnen sich Möglichkeiten, die bei der Verringerung von Ausgaben, bei der Erhöhung von Einnahmen oder bei einer Kombination von beiden ansetzen[3]. Prinzipiell stehen ihm also eine Vielzahl von Maßnahmen zur Verfügung, wobei hier jedoch nur die für die Investitionen relevanten Berücksichtigung finden sollen.

Eine Möglichkeit, die Einnahmen zu erhöhen, kann in der Ausweitung der Güterproduktion liegen[4]. Ob eine solche Ausweitung wirklich zu einer Einnahmeerhöhung führt, hängt jedoch von einigen Bedingungen ab. Erstens lohnt sich eine Produktionsausweitung nur, wenn das daraus resultierende Angebot auch seine Nachfrage findet. Zweitens muß berücksichtigt werden, daß die Absatzmärkte dieses zusätzliche Angebot in der Regel nicht zum selben Preis abnehmen wie zuvor und daß die Ausweitung der Produktion höhere Produktionskosten nach sich ziehen kann[5]. Insofern bewirkt eine Produktionsausweitung nur dann eine Gewinnerhöhung, wenn die Differenz aus dem nach der veränderten Angebotssituation erzielbaren Erlös und den unter der neuen Produktionssituation entstehenden Kosten positiv ist. Die Produktionsausweitung kann nun entweder über den zusätzlichen Einsatz oder die bessere Auslastung der Produktionsfaktoren Arbeit und Kapital erfolgen[6]. Soll es aufgrund der Produktionsausweitung also zu Investitionen kommen, so muß als zusätzliche dritte Bedingung die

[1] Vgl. Blazek (1970, S. 41).
[2] Vgl. Nowotny (1996, S. 469).
[3] Vgl. Zimmermann / Henke (1990, S. 205).
[4] Vgl. Graf (1999, S. 137).
[5] Vgl. Graf (1999, S. 137).
[6] Vgl. Nowotny (1996, S. 470).

Vollauslastung des Produktionsfaktors Kapital gegeben sein. Sind alle drei Bedingungen erfüllt, dann stehen den Investoren Möglichkeiten offen, ihre Einkommensminderung aufgrund höherer Steuern durch Einholung im Wege der Einnahmeerhöhung zu kompensieren, wozu dann Erweiterungsinvestitionen benötigt werden.
Nun kann das frühere Nettoeinkommen aber ebenfalls durch die Reduktion der Kosten wieder erzielt werden. Kostenreduzierende Maßnahmen, die für Investitionen von Bedeutung sind, bestehen in der Regel in Rationalisierungsmaßnahmen[1]. Ist die menschliche Arbeit teurer als die maschinelle und läßt sich die von Arbeitskräften ausgeführte Arbeit zumindest teilweise durch die von Maschinen vorgenommene substituieren, so können Kosten mit Hilfe von Rationalisierungsinvestitionen verringert werden. Treffen die genannten Bedingungen zu, dann können Investoren ihr durch Steuern gemindertes Nettoeinkommen auf dem Wege der Kostenreduktion durch Rationalisierungsinvestitionen wieder erhöhen.
Somit läßt sich mit Hilfe der Einholung als Reaktion der Investoren auf Steuern erklären, unter welchen Bedingungen ein positiver Zusammenhang zwischen Steuerbelastung und Erweiterungs- bzw. Rationalisierungsinvestitionen entstehen kann.

5.2 Methoden und Probleme der empirischen Überprüfung

Nachdem nun die Thesen von Presse und Politik und die in der finanzwissenschaftlichen Literatur über die Bedeutung von Steuern für Investitionen erläutert wurden, stellt sich die Frage, inwieweit diese durch die empirischen Daten bestätigt werden oder ob sich ein Widerspruch zwischen den wissenschaftlichen bzw. politischen Thesen und dem empirischen Befund zeigt. In Kapitel 3 und 4 wurden bereits die Grundlagen für die Beantwortung dieser Frage gelegt, indem dort Daten über die Steuerbelastung und die Investitionshöhe ermittelt wurden. Daher bleibt an dieser Stelle der Arbeit nur noch zu erläutern, mit welchen Methoden sich die Thesen unter Verwendung der empirischen Daten überprüfen lassen und welche Probleme sich dabei ergeben können.

5.2.1 Die Korrelationsanalyse

Sowohl bei den Thesen von Presse und Politik als auch bei denen in der finanzwissenschaftlichen Literatur handelt es sich um Zusammenhangshypothesen. Eine Kenngröße für den linearen Zusammenhang zwischen zwei Merkma-

[1] Vgl. Becker (1990, S. 159), Blazek (1970, S. 46).

len (x und y) stellt der empirische Korrelationskoeffizient ($r_{x,y}$) dar[1]. Dieser berechnet sich wie folgt[2]:

$$(10) \qquad r_{x,y} = \frac{\sum_{i=1}^{n} (x_i - \bar{x})(y_i - \bar{y})}{\sqrt{\sum_{i=1}^{n} (x_i - \bar{x})^2 \sum_{i=1}^{n} (y_i - \bar{y})^2}}$$

Demnach mißt der Korellationskoeffizient den Grad des linearen Zusammenhangs zwischen zwei Variablen x und y[3]. Sein Wert kann zwischen +1 und -1 variieren, wobei, wenn dieser bei +1 liegt, ein positiv linearer und, wenn er sich bei -1 befindet, ein negativ linearer Zusammenhang vorliegt[4]. Je mehr die Ausprägungen hingegen in der Ebene verstreut sind, um so mehr nähert sich der Korrelationskoeffizient Null an[5]. Durch die Berechnung dieses Koeffizienten für die in Kapitel 3 und 4 ermittelten Daten können diese also auf einen linearen Zusammenhang hin untersucht werden.
Die Deutung der so gewonnenen Ergebnisse muß jedoch äußerst vorsichtig vorgenommen werden. So kann aus der Unkorreliertheit nicht auf die Unabhängigkeit von x und y geschlossen werden, da beispielsweise auch bei einem Korrelationskoeffizienten von Null ein Zusammenhang zwischen den Variablen vorliegen kann, wenn zwischen ihnen eine nicht-lineare Beziehung besteht[6]. Ergibt sich eine hohe negative oder positive Korrelation, dann sagt dies ebenfalls noch nichts über die zugrundeliegende Beziehung aus[7]. Prinzipiell kann die hohe Korrelation zwar dadurch zustande kommen, daß die Körperschaftsteuer die Investitionen beeinflußt. Es ist aber auch möglich, daß beide Merkmale von einer dritten oder noch weiteren Variablen beeinträchtigt werden oder daß eigentlich gar keine Beziehung zwischen den Merkmalen existiert und die Korrelation nur zufällig auftritt. In diesen Fällen spricht man von einer Scheinkorrelation[8].
Mit Hilfe des empirischen Korrelationskoeffizienten können nun zunächst einmal nur Aussagen über die Stichprobe selbst getroffen werden. Rückschlüsse auf die Richtigkeit der Thesen von Presse und Politik oder der in der finanzwissenschaftlichen Literatur wären daher verfrüht. Über die Richtigkeit läßt sich

[1] Vgl. Hartung et al. (1998, S. 73).
[2] Vgl. Hippmann (1994, S. 114).
[3] Vgl. Hippmann (1994, S. 121).
[4] Vgl. Bortz (1989, S. 213 - 214).
[5] Vgl. Hartung et al. (1998, S. 77).
[6] Vgl. Hackl / Katzenbeisser (1996, S. 53).
[7] Vgl. Bortz (1989, S. 288).
[8] Vgl. Hackl / Katzenbeisser (1996, S. 54).

nur urteilen, wenn die Thesen statistisch überprüft werden. Für die Überprüfung einer politischen oder wissenschaftlichen Hypothese ist es erforderlich, diese in eine statistische Hypothese zu überführen[1]. Die Hypothese (H^n_1), daß ein negativer Zusammenhang besteht, lautet dann:

$$(11) \quad H^n_1: \rho < 0$$

wobei ρ der Korrelationskoeffizient der Grundgesamtheit ist. Die Hypothese, daß ein positiver Zusammenhang (H^p_1) vorliegt, stellt sich in einer für statistische Zwecke geeigneten Form wie folgt dar:

$$(12) \quad H^p_1: \rho > 0$$

Sind die Werte über die Steuerlast und über die Investitionen bivariat normalverteilt, so lassen sich folgende Tests zum Niveau α für den Korrelationskoeffizienten der Grundgesamtheit durchführen[2]. Soll die Hypothese H^n_0: $\rho \geq 0$ gegen die Alternative H^n_1: $\rho < 0$ getestet werden, so muß die Hypothese H^n_0 verworfen werden, wenn

$$(13) \quad \frac{r_{x,y} \cdot \sqrt{n-2}}{\sqrt{1-r_{x,y}^{\ 2}}} < t_{n-2;\,\alpha}$$

gilt, wobei n den Umfang der Stichprobe und t_{n-2} die Realisation einer t-verteilten Zufallsvariable mit n-2 Freiheitsgraden[3] wiedergibt[4]. Wird die Hypothese H^p_0: $\rho \leq 0$ gegen die Alternative H^p_1: $\rho > 0$ getestet, dann ist die Hypothese H^p_0 zu verwerfen, wenn

$$(14) \quad \frac{r_{x,y} \cdot \sqrt{n-2}}{\sqrt{1-r_{x,y}^{\ 2}}} > t_{n-2;\,1-\alpha}$$

erfüllt ist[5]. Entscheidet man sich nun gegen H_0 und somit für H_1, so ist davon auszugehen, daß mit einer Wahrscheinlichkeit von 1 - α diese Entscheidung

---

[1] Vgl. Bortz (1989, S. 143).
[2] Vgl. Bortz (1989, S. 259 - 261).
[3] Der t-Wert kann Anhang 12 Tabelle T11 entnommen werden.
[4] Vgl. Hartung et al. (1998, S. 547 - 548), Bortz (1989, S. 261).
[5] Vgl. Hartung et al. (1998, S. 547).

richtig ist. Man begeht also nur mit einer Wahrscheinlichkeit von α den Fehler, die Hypothese H_1 anzunehmen, obwohl sie falsch ist[1]. Wählt man α sehr klein, so kann man fast sicher sein, daß man sich richtig entschieden hat[2]. Liefert die Stichprobe jedoch eine Entscheidung für H_0, so läßt sich daraus keine so eindeutige Aussage ableiten. Wie zuvor bei der H_1 - Hypothese besteht nämlich die Möglichkeit, daß man sich fälschlicher Weise für diese Hypothese entscheidet, wobei allerdings die Wahrscheinlichkeit β, daß ein solcher Fehler auftritt, hier nicht bekannt ist[3]. Prinzipiell gilt aber, daß dieser Fehler um so wahrscheinlicher ist, je kleiner α gewählt wird[4].

5.2.2 Die zeitliche Komponente

Nachdem nun erläutert wurde, mit welcher Methode die Hypothesen empirisch überprüft werden können, muß geklärt werden, wie die Zeitreihen zueinander in bezug gesetzt werden sollen, um einen möglicherweise vorhandenen Zusammenhang erkennen zu können. So entsteht die Frage, ob ein solcher Zusammenhang zeitgleich oder zeitlich versetzt auftreten würde. Potentiell ist denkbar, daß Verhaltensänderungen durch die reine Ankündigung oder aber erst durch die Steuerrechtsänderung ausgelöst werden[5]. Für den ersten Fall erfolgt eine Verhaltensänderung bereits ein Jahr vor der Steuerrechtsänderung, wenn man unterstellt, daß zwischen dem Ankündigungszeitpunkt und dem Zeitpunkt, an dem das Gesetz in Kraft tritt, ein Jahr liegt. Im zweiten Fall verläuft die Verhaltensänderung mit der Gesetzesänderung zeitlich synchron. Nun muß eine Verhaltensänderung - insbesondere in bezug auf Investitionen - nicht sofort ihre Wirkung entfalten. So bedürfen die Planung und die Durchführung von Investitionen eines bestimmten zeitlichen Rahmens. Dieser fällt je nach Investitionstyp unterschiedlich aus. Bei der Anschaffung einer Standardmaschine dürfte er nur wenige Monate umfassen, wohingegen für die Planung und den Neubau eines Spezialfabrikgebäudes einige Jahre vergehen dürfte. Um nun den Zusammenhang empirisch überprüfen zu können, benötigt man eine Annahme über den Zeitraum, der in der Regel zwischen der Verhaltensänderung und ihrer Wirkung, d.h. also zwischen der Idee, eine Investition vorzunehmen, und der Inbetriebnahme der Investition vergeht. In dieser Arbeit wird angenommen, daß es sich hierbei ebenfalls um ein Jahr handelt.

---

1 Vgl. Hackl /Katzenbeisser (1996, S. 264).
2 Vgl. Hartung et al. (1998, S. 135).
3 Vgl. Hackl /Katzenbeisser (1996, S. 264), Hartung et al. (1998, S. 135).
4 Vgl. Hippmann (1994, S. 235).
5 Vgl. Brümmerhoff (1996, S. 249).

Im weiteren wird der Zusammenhang also anhand zweier unterschiedlicher Fälle überprüft. Zum einen werden die Daten ein- und derselben Periode (t = 0) betrachtet, da die Wirkung der Steuern auf Investitionen zeitlich mit der Gesetzesänderung zusammenfällt, wenn die Verhaltensänderung ein Jahr vor ihr ausgelöst wird und die Entfaltung der Wirkung ein Jahr benötigt. Zum anderen werden aber auch die Daten über die Steuerlast und über die Investitionen zeitlich versetzt (t = 1) verglichen. Bewirkt nämlich erst die Gesetzesänderung eine Verhaltensänderung, so vergeht ein Jahr, ehe eine von ihr möglicherweise ausgehende Wirkung auf die Investitionstätigkeit einsetzt.

5.2.3 Probleme durch das verfügbare Datenmaterial

Empirische Untersuchungen werden insbesondere durch das verfügbare Datenmaterial begrenzt. Daß nicht alle benötigten Daten erhältlich sind, hat sich bereits in den Kapiteln 3 und 4 gezeigt. In diesem Unterkapitel ist es daher nur noch notwendig aufzuzeigen, welche speziellen Probleme für die Überprüfung eines Zusammenhangs aufgrund des vorliegenden Datenmaterials bestehen. Da die Wirkung der Steuern auf Investitionen untersucht werden soll, sind eigentlich nur die Steuersätze in die Betrachtung einzubeziehen, die die Investitionen auch beeinflussen können. Dieses ist jedoch nicht ohne weiteres möglich, da sich Investitionen und Steuersätze auf unterschiedliche territoriale Abgrenzungen und auf verschiedene Wirtschaftssubjekte beziehen.

So werden die Investitionsdaten nach dem Inlandskonzept ermitteln, weshalb all diejenigen Investitionen erfaßt sind, die im Inland durchgeführt werden[1]. Nimmt man an, daß die Investitionen in dem Land zu Einkünften führen, in dem sie vorgenommen werden, so sind auch die Steuersätze, die die Einkünfte des jeweiligen Landes belasten, zu betrachten. Die inländischen Einkünfte unterliegen aber nicht nur der inländischen Besteuerungshoheit. So werden inländische Einkünfte, soweit sie von einer ausländischen Körperschaft nicht in einer inländischen Betriebsstätte erzielt werden, von der ausländischen Besteuerungshoheit erfaßt[2]. Somit ist für inländische Investitionen auch teilweise der ausländische Steuersatz von Bedeutung. Auf der Basis des verfügbaren Datenmaterials kann diesem Umstand bei der Betrachtung des formalen Steuersatzes Rechnung getragen werden. Die Körperschafsteuerquote hingegen, die mit den der inländischen Besteuerungshoheit zufließenden Steuereinnahmen berechnet wird, bezieht sich auf ein anders abgegrenztes Gebiet[3]. Daher enthält sie auch Steuereinnahmen, die Teile der britischen Investitionen belasten und vernachlässigt Steu-

[1] Vgl. UN (1968, S. 90).
[2] Vgl. Unterkapitel 3.2.2.
[3] Vgl. Unterkapitel 3.3.2.1 und Unterkapitel 3.3.2.3.

ern, die Teilen der deutschen Investitionen auferlegt sind. Insofern sind die Körperschaftsteuerquoten in Höhe der Differenz zwischen den vernachlässigten und den zusätzlich enthaltenen Einnahmen zu hoch oder zu niedrig angesetzt, wodurch - nimmt die Differenz ein entscheidendes Ausmaß an - ein möglicher Zusammenhang nicht mehr erkennbar sein oder aus den Daten ein eigentlich nicht vorliegender Zusammenhang entnommen werden könnte.
Die Unterschiede bei den herangezogenen Wirtschaftssubjekten sind dagegen als weniger problematisch anzusehen, weil die steuerpflichtigen Körperschaften eine Teilmenge der die Investitionen vornehmenden Unternehmen sind. Liegt kein Zusammenhang vor, so kann aufgrund dieser Tatsache auch nicht fälschlicherweise einer ermittelt werden. Die einzige Konsequenz liegt nämlich darin, daß ein potentiell bestehender Zusammenhang schwächer ausfällt.
Bezüglich der Daten aus Großbritannien ergibt sich darüber hinaus für die Untersuchung der Wirkung von Steuern auf Investitionen ein spezielles Problem. So ist zwar die Körperschaftsteuerquote mit ihrer zeitlichen Abgrenzung auf das Kalenderjahr bezogen, der formale Steuersatz gilt aber stets für das Fiskaljahr, welches vier Monate nach Beginn des Kalenderjahres anfängt[1]. Legt man die in Unterkapitel 5.2.2 aufgestellten Annahmen über den zeitlichen Rahmen der Wirkung von Steuerrechtsänderungen zugrunde, so bedeutet das, daß die Wirkung erst mitten im Kalenderjahr einsetzt. Daher enthalten die auf Basis eines Kalenderjahres ermittelten Investitionen auch Investitionen, die von der Steuerrechtsänderung noch gar nicht betroffen sein konnten. Dadurch kann das Ergebnis in der Weise beeinträchtigt werden, daß ein Zusammenhang ermittelt wird, obwohl gar keiner besteht, oder ein vorliegender nicht erkannt wird.

5.3 Überprüfung der Thesen für jedes Land einzeln

In einem ersten Schritt werden nun die Steuer- und Investitionsdaten für jedes Land getrennt in Beziehung gesetzt und untersucht, inwieweit dadurch eine Bestätigung der Hypothesen erkennbar ist. Da die isolierte Betrachtung der Daten eines Landes allein keine Vergleichsmöglichkeiten bietet, ist es nicht sinnvoll, die absoluten Daten heranzuziehen. Daher werden in die für Deutschland und für Großbritannien einzeln durchgeführten Untersuchungen zunächst nur die Veränderungen von einem Jahr auf das andere einbezogen.
Die Thesen von Presse und Politik sowie die These über die räumliche Steuerausweichung in der finanzwissenschaftlichen Literatur können nun überprüft werden, indem sowohl der plakative und der formale Steuersatz als auch die Körperschaftsteuerquote auf einen negativen Zusammenhang mit den Investitionen hin getestet werden. Die Vermutung, daß durch die passiven Formen der

---

[1] Vgl. Unterkapitel 3.2.1.1.

Anpassung die Investitionstätigkeit negativ beeinflußt wird, kann durch den Test der H^n_1 - Hypothese anhand der Körperschaftsteuerquote und der Investitionen einer Überprüfung unterzogen werden. Um die These, daß die Investoren mit Einholung reagieren (H^p_1 - Hypothese), zu bestätigen, kann ein Test auf positive Korreliertheit der Körperschaftsteuerquote mit den Investitionen durchgeführt werden.

5.3.1 Untersuchung der Hypothesen auf Basis der deutschen Daten

Betrachtet man die Entwicklung des deutschen Regelsteuersatzes - also die des sogenannten plakativen Steuersatzes - dann zeigen sich von 1977 bis 1996 zwei Änderungen in der Höhe[1]. So wurde dieser von 1989 auf 1990 und von 1993 auf 1994 um sechs bzw. fünf Prozentpunkte gesenkt. In denselben sowie in den darauffolgenden Jahren (1990/1991 und 1994/1995) stiegen sowohl die Nettoanlageinvestitionen der Körperschaften und Quasikörperschaften als auch die Bruttoanlageinvestitionen ohne Wohngebäude[2]. Daraus jedoch auf einen Zusammenhang zwischen dem plakativen Steuersatz und den Investitionen zu schließen, wäre verfrüht. Ein solcher wäre nur zu vermuten, wenn der Anstieg der Investitionen in den Jahren der Steuersatzsenkung im Vergleich zu den bei konstantem Steuersatz vorliegenden Schwankungen überdurchschnittlich hoch gewesen wäre. Ein überdurchschnittlicher Anstieg in der Investitionstätigkeit ist jedoch lediglich von 1990 auf 1991 zu erkennen. Dieser dürfte allerdings maßgeblich durch die Wiedervereinigung beeinflußt worden sein. Berechnet man nun den Korrelationskoeffizient von der Veränderung des plakativen Steuersatzes und der Veränderung der Nettoanlageinvestitionen der Körperschaften und Quasikörperschaften (bzw. der Bruttoanlageinvestitionen ohne Wohngebäude) in derselben Periode ($t = 0$), so erhält man einen Wert von - 0,3011 (bzw. - 0,1021). Der Hypothesentest für H^n_1 zeigt, daß die Annahme der Hypothese nur zu einer Irrtumswahrscheinlichkeit von über 10 % (bzw. 30%) möglich ist[3]. Für eine Periode versetzt ($t = 1$) ergibt sich ein Korrelationskoeffizient in Höhe von - 0,5257 (bzw. - 0,5799). Hierfür liegt die Irrtumswahrscheinlichkeit, ab der man sich für die H^n_1 - Hypothese entscheidet, bei 2,5 % (bzw. 1%)[4]. Für den Fall $t = 1$ kann man daher auf Basis des Tests die Hypothese von Presse und Politik und die über die räumliche Steuerausweichung in der finanzwissenschaftlichen Literatur mit an Sicherheit grenzender Wahrscheinlichkeit als bestätigt ansehen, da die Irrtumswahrscheinlichkeit maximal 2,5 % beträgt. Für den Fall $t = 0$ läßt

---

[1] Die Höhe der Änderungen ist Anhang 13 Tabelle T13 zu entnehmen.

[2] Die Änderungen in der Investitionshöhe sind in Anhang 13 Tabelle T12 eingetragen.

[3] Vgl. Anhang 14 Tabelle T15.

[4] Vgl. Anhang 14 Tabelle T15.

sich die Entscheidung für die Hypothesen schwerer begründen, da man eine Irrtumswahrscheinlichkeit von ca. 15% (bzw. 35%) hinnehmen muß. Bedenkt man jedoch, daß diese Ergebnisse insbesondere durch das zufällige Zusammenfallen von der Steuersenkung 1989/1990 und der Wiedervereinigung stark beeinflußt wurden, so bleibt festzuhalten, daß durch die Daten zwar die Hypothese von Presse und Politik und die über die Steuerausweichung unterstützt werden können, dabei aber insbesondere die Gefahr sehr groß sein dürfte, daß man auf eine Scheinkorrelation hereinfällt.
Geht man nun der Frage nach, inwieweit nicht nur zwischen dem plakativen Steuersatz und den Investitionen, sondern auch zwischen den formalen Steuersätzen und den Investitionen eine negative Beziehung zu erkennen ist, so ist dafür sowohl die Entwicklung des deutschen formalen Steuertarifs als auch die des britischen zu berücksichtigen[1]. Vergleicht man den deutschen formalen Steuertarif und die Investitionstätigkeit in Deutschland, so erhält man ein ähnliches Ergebnis wie beim Vergleich des plakativen Steuersatzes. Dies liegt daran, daß zum einen der Steuersatz bei Ausschüttung konstant null beträgt und zum anderen die Senkung des Regelsteuersatzes und die des ermäßigten Steuersatzes zur gleichen Zeit erfolgten[2]. Zwischen dem britischen formalen Steuertarif, von dem allerdings auch nur ein sehr geringer Teil der deutschen Investitionen betroffen sein dürfte, und den deutschen Investitionen ist kein eindeutig negativer Zusammenhang zu ermitteln. So stiegen die deutschen Investitionen zur Zeit der massiven britischen Steuersatzsenkungspolitik nur moderat an, wohingegen überdurchschnittliche Steigerungen in der Investitionshöhe bei nahezu konstanten britischen Sätzen zu verzeichnen waren[3]. Die Berechnung des Korrelationskoeffizienten und die Durchführung des Hypothesentests ist für den formalen Steuersatz leider deshalb nicht möglich, weil sowohl die Thesaurierungsquote als auch der Anteil der nicht in einer Betriebsstätte erzielten deutschen Einkünfte einer ausländischen Körperschaft an den gesamten Einkünften nicht bekannt sind. Daher kann es nur bei der Feststellung bleiben, daß aufgrund der Kurvenverläufe in den Abbildungen 3, 4 und 8 ein gewisser negativer Zusammenhang, aber kein eindeutiger, zu erkennen ist, der ebenfalls wieder durch die mögliche Existenz einer Scheinkorrelation überschattet wird.
Setzt man die Körperschaftsteuerquote zu den Investitionen in Beziehung und untersucht diese auf einen negativen Zusammenhang hin, so lassen sich dadurch die Thesen von Presse und Politik sowie die Thesen über die räumliche Steuerausweichung und über die passiven Formen der Anpassung, die in der finanzwissenschaftlichen Literatur aufgestellt werden, überprüfen. Vergleicht man die Veränderung der Körperschaftsteuerquote mit den Veränderungen der Inve-

[1] Vgl. Unterkapitel 5.2.3.
[2] Vgl. Abbildung 3 und 4.
[3] Vgl. Abbildung 3, 4 und 8 und Anhang 13 Tabelle T12 und T13.

stitionen, dann erhält man zunächst ein recht heterogenes Bild (vgl. Abbildung 11)[1]. So existieren Jahre, in denen der Anstieg der Körperschaftsteuerquote mit einem Absinken oder mit einem Anstieg der Investitionen einherging, und welche, in denen das Absinken der Körperschaftsteuerquote ebenfalls mit einem Absinken oder mit einem Anstieg der Investitionen verbunden war. Dieses Bild drückt sich auch in einem Korrelationskoeffizienten von - 0,1674 (bzw. - 0,0267) für den Fall t = 0 und in einem von - 0,2023 (bzw. -0,1875) für den Fall t = 1 aus. Testet man die H^n_1 - Hypothese, so liegt das α-Niveau, für welches H^n_1 noch angenommen wird, teils bei 25% und teils bei 50%[2]. Die These, daß zwischen der effektiven Steuerbelastung und den Investitionen ein negativer Zusammenhang besteht, kann also anhand der verwendeten deutschen Daten nur mit einer relativ großen Irrtumswahrscheinlichkeit als bestätigt angesehen werden.

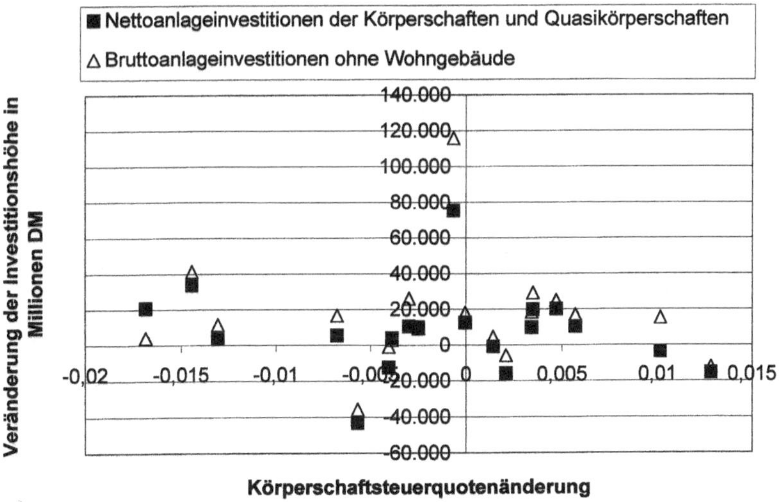

Abbildung 11: Änderungen der Investitionen und der Körperschafsteuerquote in Deutschland für t = 0[3]

[1] Für den Fall t = 1 sind die Änderungen der Investitionen in Abhängigkeit von den Änderungen der Körperschaftsteuerquote in Anhang 15 Abbildung A1 dargestellt.
[2] Vgl. Anhang 14 Tabelle T15.
[3] Vgl. OECD (1998, S. 306, 309, 330 und 333), OECD (1994, S. 250 und 253), OECD (1987, S. 228 und 231), Bundesministerium der Finanzen (1998, S. 245 - 253) und eigene Berechnungen. Ab 1991 sind die Zahlen für das vereinigte Bundesgebiet zugrunde gelegt worden.

Um die These, daß Investoren mit Einholung reagieren, zu überprüfen, bedarf es nun eines Tests der $H^p{}_1$ - Hypothese anhand der Werte der Körperschaftsteuerquote und der Investitionen. Führt man diesen durch, so erhält man als Ergebnis, daß die $H^p{}_1$ - Hypothese nur dann aufrecht erhalten werden kann, wenn mindestens eine Irrtumswahrscheinlichkeit von 80% (bzw. 55%) in Kauf genommen wird[1]. Aufgrund dieses Tests die Hypothese als bestätigt anzusehen, wäre daher äußerst gewagt.

5.3.2 Überprüfung der Thesen anhand der britischen Daten

Betrachtet man den britischen plakativen Steuersatz - also den vollen Steuersatz - so erkennt man, daß dieser von 1982 bis 1986 um insgesamt 17 Prozentpunkte und von 1989 bis 1991 nochmals um insgesamt 2 Prozentpunkte gesenkt wurde[2]. Allerdings stiegen die Investitionen in diesem Zeitraum nicht immer an. Abbildung 12 ist zu entnehmen, daß mit einer Senkung des plakativen Steuer-

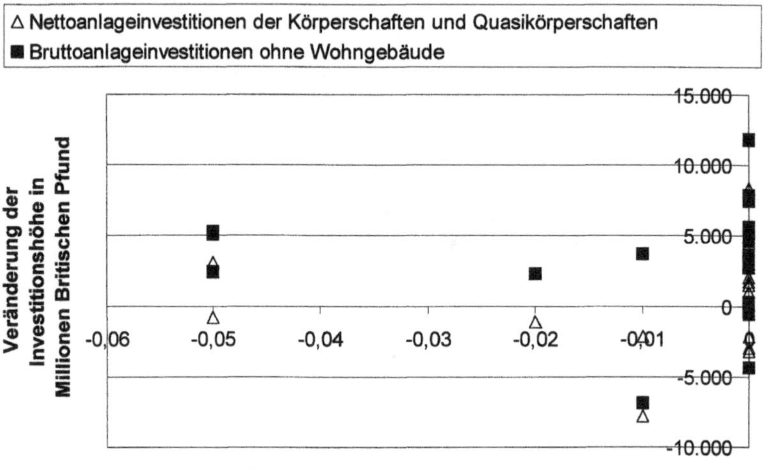

Abbildung 12: Veränderungen des britischen plakativen Steuersatzes und der britischen Investitionen für t = 0 im Vergleich[3]

[1] Vgl. Anhang 14 Tabelle T14.
[2] Vgl. Abbildung 3 und Anhang 13 Tabelle T13.
[3] Vgl. The Stationery Office (1998, S. 170), OECD (1998, S. 612 und 615), OECD (1994, S. 522 und 525), OECD (1987, S. 504 und 507) und eigene Berechnungen.

satzes sowohl ein Anstieg als auch ein Absinken in der Investitionshöhe einherging[1]. Berechnet man nun den Korrelationskoeffizienten für den Fall t = 0, so ergibt sich ein Wert von 0,0342 (bzw. 0,0376). Für den Fall t = 1 nimmt der Korrelationskoeffizient einen Wert von -0,0819 (bzw. -0,0366) an. Auf Basis solcher Korrelationskoeffizienten liegt die Vermutung nahe, daß die Grundgesamtheit weder positiv noch negativ korreliert ist. Überprüft man nun die Thesen von Presse und Politik und die über die räumliche Steuerausweichung in der finanzwissenschaftlichen Literatur, so stellt man fest, daß diese je nach Fallkonstellation ab einem α-Niveau von 0,4 bis 0,6 angenommen werden können[2]. Insofern kann die H^n_1 - Hypothese anhand des britischen plakativen Steuersatzes nicht mit Sicherheit bestätigt werden. Dieses Testergebnis steht nun in einem gewissen Gegensatz zu dem, welches auf Basis der deutschen Daten ermittelt wurde. Diese Tatsache spricht insofern ebenfalls dafür, daß es sich bei dem deutschen Ergebnis um eine Scheinkorrelation handeln könnte.
Zieht man den formalen Steuersatz heran, so ergibt sich ebenfalls wieder das Problem, daß gewisse Parameter, die für die Ermittlung dieses Satzes benötigt werden, nicht bekannt sind. Daher können weder die Korrelationskoeffizienten berechnet noch die Hypothesen getestet werden. Möchte man die H^n_1 - Hypothese dennoch überprüfen, so kann dies nur durch die bloße Betrachtung der Zahlen und Abbildungen erfolgen. Dabei müssen sowohl die formalen britischen als auch die formalen deutschen Steuersätze, da auch vereinzelt britische Einkünfte von ihnen betroffen sind, untersucht werden[3]. Betrachtet man Abbildung 3 und 4, dann ist von 1979 bis 1986 in Großbritannien eine Tendenz zur Steuersatzsenkung zu erkennen. In dieser Zeit nahmen zwar die britischen Bruttoanlageinvestitionen ohne Wohngebäude zu, die britischen Nettoanlageinvestitionen der Körperschaften und Quasikörperschaften behielten aber unter leichten Schwankungen ihr Niveau tendenziell bei[4]. Als dann ab 1986 aber die formalen Steuersätze im großen und ganzen konstant blieben, stieg die Investitionshöhe beider Investitionstypen drastisch an[5]. Da in bezug auf die deutschen formalen Steuersätze ebenfalls kein eindeutiger Zusammenhang zu erkennen ist, liegt es nahe, die Investitionen als unabhängig von den formalen Steuersätzen anzusehen.
Betrachtet man die Körperschaftsteuerquotenänderungen und die Änderungen in der Investitionshöhe für den Fall t = 0, die in Abbildung 13 zueinander in Beziehung gesetzt werden, so sind die Meßpunkte in der gesamten Ebene verstreut[6].

---

[1] Das Streuungsdiagramm für den Fall t = 1 ist in Anhang 15 als Abbildung A2 enthalten. Für diesen Fall erhält man ein ähnliches Ergebnis wie für t = 0.
[2] Vgl. Anhang 14 Tabelle T17.
[3] Vgl. Unterkapitel 5.2.3.
[4] Vgl. Abbildung 9.
[5] Vgl. Abbildung 3, 4 und 9.
[6] Das Streuungsdiagramm für den Fall t = 1 ist in Anhang 15 durch Abbildung A3 dargestellt.

Dies beschreibt den Tatbestand, daß auf eine Körperschaftsteuerquotensenkung entweder Investitionserhöhungen oder auch -senkungen folgten und nach einer Körperschaftsteuerquotensenkungen höhere aber auch geringere Investitionstätigkeit zu verzeichnen war. Insgesamt ist aber für diesen Fall eine leicht positive Tendenz auszumachen, so daß ein Korrelationskoeffizient von 0,3819 (bzw. 0,5053) ermittelt wird. Für den Fall t = 1 hingegen glichen sich die positiv und negativ gerichteten Wertekombinationen eher aus, weshalb man hierfür einen Korrelationskoeffizienten von - 0,0575 (bzw. 0,0042) erhält. Testet man nun auf Basis dieser Daten die H^n_1 - Hypothese, so stellt sich heraus, daß die Hypothese für den Fall t = 1 nur zu einer Irrtumswahrscheinlichkeit von 45% (bzw. 55%) angenommen werden kann[1]. Führt man den Test für den Fall t = 0 durch, dann

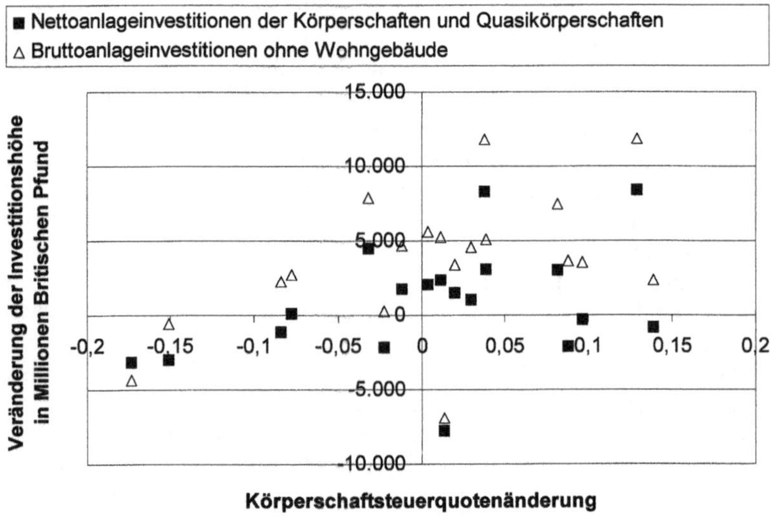

Abbildung 13: Änderungen der britischen Körperschaftsteuerquote und der Investitionen für den Fall t = 0[2]

erhält man ein vernichtendes Ergebnis. So kann dafür die Hypothese nur aufrecht erhalten werden, wenn man eine Irrtumswahrscheinlichkeit von über 90%

[1] Vgl. Anhang 14 Tabelle T17.
[2] Vgl. OECD (1998, S. 612 und 615), OECD (1994, S. 522 und 525), OECD (1987, S. 504 und 507), Her Majesty's Stationery Office (1982, S. 48), Her Majesty's Stationery Office (1989, S. 57), The Stationery Office (1997, S. 93) und eigene Berechnungen.

in Kauf nimmt[1]. Konnten die Thesen von Presse und Politik bzw. die über die räumliche Steuerausweichung oder über die passiven Formen der Anpassung in der finanzwissenschaftlichen Literatur aufgrund der deutschen Daten noch eine geringe Unterstützung finden, dann ist dieses auf Basis der britischen Daten nicht mehr möglich. So ist bei einer Irrtumswahrscheinlichkeit von 45 % bis nahezu 99% die Behauptung, daß die Daten für die Thesen sprechen, weitgehend unbegründet.
Ob die Einholung als Reaktion der Investoren auf die Besteuerung eine entscheidende Rolle spielt, kann nun mit der H^{p}_{1} - Hypothese auch anhand der britischen Körperschaftsteuerquote und der britischen Investitionen überprüft werden. Führt man den Test für den Fall t = 0 durch, so kann die Hypothese mit einer Irrtumswahrscheinlichkeit von nur 1% (bzw. 2,5%) als bestätigt angesehen werden[2]. Dieses eindeutige Ergebnis wird durch die Überprüfung der Hypothese für den Fall t = 1 relativiert, da diese dann nur zu einer Irrtumswahrscheinlichkeit von 60% (bzw. 50%) angenommen werden kann[3].
Abschließend bleibt also festzuhalten, daß die Thesen, die einen negativen Zusammenhang zwischen dem plakativen bzw. dem formalen Steuersatz und den Investitionen propagieren, in den deutschen Daten zwar noch eine gewisse Unterstützung finden, die britischen Daten allerdings nicht für eine Bestätigung der Thesen sprechen. Da bei den deutschen Daten insbesondere die Gefahr einer Scheinkorrelation besteht, kann man die Thesen als nicht bestätigt ansehen. Die Annahme der Hypothesen, die einen negativen Zusammenhang zwischen effektiver Steuerbelastung und Investitionen propagieren, war anhand der Körperschaftsteuerquote und der Investitionsdaten sowohl für Deutschland als auch für Großbritannien nur unter Hinnahme einer relativ großen Irrtumswahrscheinlichkeit möglich. Die Hypothese, daß die Investoren mit Einholung reagieren, konnte bis zu einem gewissen Grad durch die britischen Daten unterstützt werden, wird aber durch die deutschen stark in Frage gestellt. Somit kann festgehalten werden, daß sich keine der Hypothesen mit an Sicherheit grenzender Wahrscheinlichkeit durch die Betrachtung der Zusammenhänge für jedes Land getrennt bestätigen läßt.

5.4 Die Bedeutung der Besteuerung für Investitionen im Ländervergleich

Nachdem nun die Thesen für jedes Land einzeln betrachtet wurden, bleibt noch der Frage nachzugehen, inwiefern der Ländervergleich Aufschluß über die Richtigkeit geben kann. Dabei können leider keine Aussagen über den formalen

---

[1] Vgl. Anhang 14 Tabelle T17.
[2] Vgl. Anhang 14 Tabelle T16.
[3] Vgl. Anhang 14 Tabelle T16.

Steuersatz gemacht werden, da dieser je nach Thesaurierungsquote und je nach Anteil der nicht in einer Betriebsstätte erzielten inländischen Einkünfte einer ausländischen Körperschaft an den gesamte Einkünften variiert und somit - da diese Größen nicht ermittelt werden konnten - in seiner Höhe nicht bestimmt und daher auch nicht verglichen werden kann.
Betrachtet man Abbildung 3, so ist zu erkennen, daß der britische plakative Steuersatz stets unterhalb des deutschen liegt. Folgt man nun der These von Presse und Politik und der über die räumliche Steuerausweichung, dann wäre zu erwarten, daß die Investoren - soweit sie der psychologischen Wirkung des plakativen Steuersatzes erliegen – in Großbritannien mehr investieren. Das Gegenteil ist allerdings der Fall. So liegen die britischen Investitionsquoten in dem Betrachtungszeitraum überwiegend unterhalb der deutschen[1]. Wie zuvor kann somit auch hier kein Argument gefunden werden, welches diese Thesen unterstützt. Zieht man die Körperschaftsteuerquote heran, so zeigt sich, daß die britische deutlich über der deutschen liegt[2]. Dieses Phänomen würde die Thesen unterstützen, die einen negativen Zusammenhang zwischen effektiver Steuerbelastung und Investitionen unterstellen, und der These über die Einholung widersprechen. Bedenkt man jedoch, daß dieses Ergebnis durch die massiven Erfassungsprobleme vor allem bei der Ermittlung der deutschen Körperschaftsteuerquote beeinflußt wurde, wodurch insbesondere die Vergleichbarkeit beeinträchtigt wird, so muß man der Möglichkeit, daß dieses nur zufällig zustande gekommen ist, eine hohe Wahrscheinlichkeit einräumen[3].
Die These über die räumliche Steuerausweichung kann nun insbesondere dadurch überprüft werden, indem neben dem bereits verglichenen Niveau der einzelnen Größen auch deren genaue Differenz berücksichtigt wird. Daher werden im folgenden die Steuersatzdifferentiale zwischen Großbritannien und Deutschland betrachtet und untersucht, inwieweit diese den Unterschied in der Investitionshöhe beeinflußt haben könnten. Da, wie erläutert, die Interpretation der Körperschaftsteuerquoten im Ländervergleich aufgrund von statistischen Erfassungsproblemen nicht sonderlich sinnvoll ist, soll nur der These nachgegangen werden, daß die Investoren sich aufgrund von irrationalen Überlegungen oder aufgrund von rationaler Informationsbeschränkung an dem plakativen Steuersatz orientieren. Bis 1983 wiesen der deutsche und der britische Steuersatz einen konstanten Abstand von 4 Prozentpunkten auf[4]. In dieser Zeit verliefen sowohl die Nettoanlageinvestitionsquoten der Körperschaften und Quasikörperschaften als auch ab 1980 die Bruttoanlageinvestitionsquoten ohne Wohngebäude nahezu

---

[1] Vgl. Abbildung 10.
[2] Vgl. Abbildung 7.
[3] Vgl. Unterkapitel 3.3.2.3.
[4] Vgl. Anhang 16 Tabelle T18.

parallel[1]. Von 1983 bis 1989 wurde die Steuersatzdifferenz dann durch die Steuersatzsenkungspolitik in Großbritannien auf 21 Prozentpunkte ausgeweitet, wobei eine Reduktion der Differenz zwischen den Investitionsquoten zu beobachten war und die britische Bruttoanlageinvestitionsquote ohne Wohngebäude sogar die deutsche überstieg[2]. Als in Deutschland die Bundesregierung diesen Abstand zunächst auf 17 und dann auf 12 Prozentpunkte durch die Senkung des deutschen Regelsteuersatzes verringerte, stieg die Differenz zwischen den Investitionsquoten wieder an. Dieses Bild erweckt den Eindruck, daß zwischen der Steuersatzdifferenz und den Unterschieden in der Investitionstätigkeit ein negativer Zusammenhang besteht. Ob dieser vorliegt, läßt sich mit Hilfe eines Tests auf negative Korreliertheit überprüfen. Führt man diesen durch, so wird die These über die räumliche Steuerausweichung anhand der Nettoanlageinvestitionen der Körperschaften und Quasikörperschaften weitgehend bestätigt, da die Irrtumswahrscheinlichkeit maximal 5% beträgt[3]. Allerdings wäre diesbezüglich zu fragen, ob die Ausweichung der deutschen Investoren die Ursache für die zunehmende Investitionsquote in Großbritannien sein kann. Diese Frage kann nur beantwortet werden, wenn die Höhe der Direktinvestitionen, die von Deutschland nach Großbritannien fließen, bekannt ist. Wie in Kapitel 4.1.2 gezeigt existiert jedoch keine Statistik, die die Höhe von Direktinvestitionen einwandfrei ermittelt. Insofern ist die Frage auf der Basis des verfügbaren Datenmaterials nicht beantwortbar, weshalb eine Scheinkorreltation nicht ausgeschlossen werden kann. Zieht man die Bruttoanlageinvestitionen ohne Wohngebäude heran, so muß für eine Zustimmung eine Irrtumswahrscheinlichkeit von ungefähr 45% in Kauf genommen werden[4].

6 Fazit

Betrachtet man die Ergebnisse der letzten Kapitel, so muß man feststellen, daß keine der diskutierten Thesen durch die in dieser Arbeit verwendeten empirischen Daten ausschließlich Unterstützung gefunden hat. Damit wird nicht ausgedrückt, daß die Thesen jeder Grundlage entbehren, sondern nur darauf aufmerksam gemacht, daß der empirische Befund die Möglichkeit zuläßt, daß kein Zusammenhang vorliegt. Durch Aussagen, in denen eine Unerschütterlichkeit desselben propagiert wird, wird somit der große Problemkomplex nicht zur Kenntnis genommen, der sich hinter der einfach klingenden These verbirgt, daß die Steuern die Investitionen beeinflussen. So hat sich in dieser Arbeit gezeigt,

[1] Vgl. Abbildung 10.
[2] Vgl. Anhang 16 Tabelle T18 und Abbildung 10.
[3] Vgl. Anhang 16.
[4] Vgl. Anhang 16.

daß für die Untersuchung der Bedeutung der Steuern für die Investitionen zunächst zahlreiche Annahmen - beispielsweise über den Überwälzungsprozeß - benötigt werden. Darüber hinaus sieht man sich mit zahlreichen statistischen Erfassungsproblemen konfrontiert, die bewirken können, daß die ermittelbaren Daten sich eigentlich nicht mehr als Indikator verwenden lassen. Die Unterschiede im deutschen und im britischen Steuersystem führen zu weiteren Ungenauigkeiten. Aber selbst wenn man von all diesen Problemen absieht, lassen sich nur sehr unsichere Aussagen treffen. Weil empirischen Untersuchungen nämlich stets nur eine Stichprobe zugrunde gelegt werden kann, von der aus auf die Grundgesamtheit geschlossen wird, ist es nur möglich, Wahrscheinlichkeitsaussagen vorzunehmen.

Anhang 1

Mathematische Herleitung der Grenzsteuerbelastung mit Körperschaftsteuer in Deutschland:

Die Bedeutung der hier verwendeten Symbole ist dem Symbolverzeichnis zu entnehmen.

1) Körperschaftsteuer bei Vollthesaurierung:
   Die Höhe der Steuerschuld bei Thesaurierung bestimmt sich nach

$$T_{D,T}(x) = \begin{cases} t_S\, x & \text{, für Körperschaften nach § 23 Abs. 2 und 3 KStG} \\ t_R\, x & \text{, für alle übrigen Körperschaften.} \end{cases}$$

   Durch Ableitung nach x erhält man die Grenzsteuerbelastung:

$$t'_{D,T}(x) = \begin{cases} t_S & \text{, für Körperschaften nach § 23 Abs. 2 und 3 KStG} \\ t_R & \text{, für alle übrigen Körperschaften.} \end{cases}$$

2) Körperschaftsteuer bei Vollausschüttung:

$$T_{D,A}(x) = t_{D,A}(x) = t'_{D,A}(x) = 0$$

3) Körperschaftsteuer bei Teilausschüttung
   Die Steuerschuld ergibt sich aus:

$$T_{D,G}(x) = \alpha\, T_{D,T}(x) + (1-\alpha)\, T_{D,A}(x)$$

$$\Leftrightarrow T_{D,G}(x) = \begin{cases} \alpha\, t_S\, x + (1-\alpha)\, x \cdot 0 & \text{, für Körperschaften nach § 23 Abs. 2 und 3 KStG} \\ \alpha\, t_R\, x + (1-\alpha)\, x \cdot 0 & \text{, für alle übrigen Körperschaften} \end{cases}$$

$$\Leftrightarrow T_{D,G}(x) = \begin{cases} \alpha\, t_S\, x & \text{, für Körperschaften nach § 23 Abs. 2 und 3 KStG} \\ \alpha\, t_R\, x & \text{, für alle übrigen Körperschaften.} \end{cases}$$

   Durch Ableitung nach x erhält man für die Grenzsteuerbelastung:

$$t'_{D,G}(x) = \begin{cases} \alpha\, t_S & \text{, für Körperschaften nach § 23 Abs. 2 und 3 KStG} \\ \alpha\, t_R & \text{, für alle übrigen Körperschaften.} \end{cases}$$

Anhang 2

Mathematische Bestimmung des Grenztarifs der Körperschaftsteuer in Großbritannien:

Die Bedeutung der hier verwendeten Symbole: siehe Symbolverzeichnis.

1) Körperschaftsteuer bei Vollthesaurierung:
Die Höhe der Steuerschuld bei Thesaurierung bestimmt sich wie folgt:

$$T_{UK,T}(x) = \begin{cases} t_L\, x & \text{, für } x \leq L \\ (t_U + f)\, x - U f & \text{, für } L \leq x \leq U \\ t_U\, x & \text{, für } x \geq U \end{cases}$$

Durch Ableitung nach x erhält man die Grenzsteuerbelastung:

$$t'_{UK,T}(x) = \begin{cases} t_L & \text{, für } x \leq L \\ (t_U + f) - 0 & \text{, für } L \leq x \leq U \\ t_U & \text{, für } x \geq U \end{cases}$$

$$\Leftrightarrow t'_{UK,T}(x) = \begin{cases} t_L & \text{, für } x \leq L \\ (t_U + f) & \text{, für } L \leq x \leq U \\ t_U & \text{, für } x \geq U \end{cases}$$

2) Körperschaftsteuer bei Vollausschüttung ($x = D_B$):
Der Gewinn nach Thesaurierungssteuer wird ermittelt durch:
$x_N = x - T_{UK,T}(x)$.
Die Nettodividende ergibt sich dann aus:
$D_N = x_N$
$\Leftrightarrow D_N = x - T_{UK,T}(x)$.
Die abziehbare Ausschüttungssteuer berechnet sich nach:
$A_V(x) = t_A\, D_N$
$\Leftrightarrow A_V(x) = t_A\, [x - T_{UK,T}(x)]$
Die gesamte Körperschaftsteuerschuld bei Vollausschüttung erhält man dann aus:
$T_{UK,A}(x) = T_{UK,T}(x) - A_V(x)$
$\Leftrightarrow T_{UK,A}(x) = T_{UK,T}(x) - t_A\, [x - T_{UK,T}(x)]$
$\Leftrightarrow T_{UK,A}(x) = T_{UK,T}(x) - t_A\, x + t_A\, T_{UK,T}(x)$
$\Leftrightarrow T_{UK,A}(x) = (1 + t_A)\, T_{UK,T}(x) - t_A\, x$

$$\Leftrightarrow T_{UK,A}(x) = \begin{cases} (1 + t_A)\, [t_L\, x] - t_A\, x & \text{, für } x \leq L \\ (1 + t_A)\, [(t_U + f)\, x - U f\,] - t_A\, x & \text{, für } L \leq x \leq U \\ (1 + t_A)\, [t_U\, x] - t_A\, x & \text{, für } x \geq U \end{cases}$$

$$\Leftrightarrow T_{UK,A}(x) = \begin{cases} t_L\, x + t_A\, t_L\, x - t_A\, x & \text{, für } x \le L \\ (t_U + f)\, x - U\, f + t_A\, [(t_U + f)\, x - U\, f] - t_A\, x & \text{, für } L \le x \le U \\ t_U\, x + t_A\, t_U\, x - t_A\, x & \text{, für } x \ge U \end{cases}$$

$$\Leftrightarrow T_{UK,A}(x) = \begin{cases} (t_L + t_A\, t_L - t_A)\, x & \text{, für } x \le L \\ (t_U + f)\, x - U\, f + t_A\, (t_U + f)\, x - t_A\, U\, f - t_A\, x & \text{, für } L \le x \le U \\ (t_U + t_A\, t_U - t_A)\, x & \text{, für } x \ge U \end{cases}$$

$$\Leftrightarrow T_{UK,A}(x) = \begin{cases} (t_L + t_A\, t_L - t_A)\, x & \text{, für } x \le L \\ [(t_U + f) + t_A\, (t_U + f) - t_A]\, x - (1 + t_A)\, U\, f & \text{, für } L \le x \le U \\ (t_U + t_A\, t_U - t_A)\, x & \text{, für } x \ge U \end{cases}$$

Durch Ableitung nach x erhält man den Grenztarif bei Vollausschüttung:

$$t'_{UK,A}(x) = \begin{cases} t_L + t_A\, t_L - t_A & \text{, für } x \le L \\ (t_U + f) + t_A\, (t_U + f) - t_A & \text{, für } L \le x \le U \\ t_U + t_A\, t_U - t_A & \text{, für } x \ge U \end{cases}$$

$$\Leftrightarrow t'_{UK,A}(x) = \begin{cases} t_L + t_A\, (t_L - 1) & \text{, für } x \le L \\ (t_U + f) + t_A\, (t_U + f - 1) & \text{, für } L \le x \le U \\ t_U + t_A\, (t_U - 1) & \text{, für } x \ge U \end{cases}$$

3) Körperschaftsteuer bei Teilausschüttung

Die Bruttodividende berechnet sich wie folgt:

$D_B = x - \alpha\, x$

$\Leftrightarrow D_B = (1-\alpha)\, x$

Der Gewinn nach Thesaurierungssteuer wird folgendermaßen ermittelt:

$x_N = x - T_{UK,T}(x)$

Die Nettodividende erhält man durch:

$D_N = (1-\alpha)\, x_N$

$\Leftrightarrow D_N = (1-\alpha)\, (x - T_{UK,T}(x))$

$\Leftrightarrow D_N = (1-\alpha)\, x - (1-\alpha)\, T_{UK,T}(x)$

Die abziehbare Ausschüttungssteuer bei Teilausschüttung berechnet sich nach:

$A_T(x) = t_A\, D_N$

$\Leftrightarrow A_T(x) = t_A\, [(1-\alpha)\, x - (1-\alpha)\, T_{UK,T}(x)]$

Die gesamte Körperschaftsteuerschuld bei Vollausschüttung erhält man dann aus:

$T_{UK,G}(x) = T_{UK,T}(x) - A_T(x)$

$\Leftrightarrow T_{UK,G}(x) = T_{UK,T}(x) - t_A\, [(1-\alpha)\, x - (1-\alpha)\, T_{UK,T}(x)]$

$\Leftrightarrow T_{UK,G}(x) = T_{UK,T}(x) + t_A\, (1-\alpha)\, T_{UK,T}(x) - t_A\, (1-\alpha)\, x$

$\Leftrightarrow T_{UK,G}(x) = [1 + t_A\, (1-\alpha)]\, T_{UK,T}(x) - t_A\, (1-\alpha)\, x$

$$\Leftrightarrow T_{UK,G}(x) = \begin{cases} (1 + t_A(1-\alpha))\,[t_L\, x] - t_A(1-\alpha)\, x & \text{, für } x \le L \\ (1 + t_A(1-\alpha))\,[(t_U + f)\, x - U f] - t_A(1-\alpha)\, x & \text{, für } L \le x \le U \\ (1 + t_A(1-\alpha))\,[t_U\, x] - t_A(1-\alpha)\, x & \text{, für } x \ge U \end{cases}$$

$$\Leftrightarrow T_{UK,G}(x) = \begin{cases} t_L\, x + t_A(1-\alpha)\, t_L\, x - t_A(1-\alpha)\, x & \text{, für } x \le L \\ [(t_U + f)\, x - U f] + t_A(1-\alpha)\,[(t_U + f)\, x - U f] - t_A(1-\alpha)\, x & \text{, für } L \le x \le U \\ t_U\, x + t_A(1-\alpha)\, t_U\, x - t_A(1-\alpha)\, x & \text{, für } x \ge U \end{cases}$$

$$\Leftrightarrow T_{UK,G}(x) = \begin{cases} t_L\, x + t_A(1-\alpha)\, t_L\, x - t_A(1-\alpha)\, x & \text{, für } x \le L \\ (t_U + f)\, x + t_A(1-\alpha)\,(t_U + f)\, x - U f - t_A(1-\alpha)\, U f - t_A(1-\alpha)\, x & \text{, für } L \le x \le U \\ t_U\, x + t_A(1-\alpha)\, t_U\, x - t_A(1-\alpha)\, x & \text{, für } x \ge U \end{cases}$$

$$\Leftrightarrow T_{UK,G}(x) = \begin{cases} [t_L + t_A(1-\alpha)\, t_L - t_A(1-\alpha)]\, x & \text{, für } x \le L \\ (t_U + f)\, x + t_A(1-\alpha)\,(t_U + f)\, x - t_A(1-\alpha)\, x - (1 + t_A(1-\alpha))\, U f & \text{, für } L \le x \le U \\ [t_U + t_A(1-\alpha)\, t_U - t_A(1-\alpha)]\, x & \text{, für } x \ge U \end{cases}$$

$$\Leftrightarrow T_{UK,G}(x) = \begin{cases} [t_L + t_A(1-\alpha)\, t_L - t_A(1-\alpha)]\, x & \text{, für } x \le L \\ [(t_U + f) + t_A(1-\alpha)\,(t_U + f) - t_A(1-\alpha)]\, x - (1 + t_A(1-\alpha))\, U f & \text{, für } L \le x \le U \\ [t_U + t_A(1-\alpha)\, t_U - t_A(1-\alpha)]\, x & \text{, für } x \ge U \end{cases}$$

Durch Ableitung nach x erhält man:

$$t'_{UK,G}(x) = \begin{cases} t_L + t_A(1-\alpha)\, t_L - t_A(1-\alpha) & \text{, für } x \le L \\ (t_U + f) + t_A(1-\alpha)\,(t_U + f) - t_A(1-\alpha) & \text{, für } L \le x \le U \\ t_U + t_A(1-\alpha)\, t_U - t_A(1-\alpha) & \text{, für } x \ge U \end{cases}$$

$$\Leftrightarrow t'_{UK,G}(x) = \begin{cases} t_L + t_A(1-\alpha)\,(t_L - 1) & \text{, für } x \le L \\ (t_U + f) + t_A(1-\alpha)\,(t_U + f - 1) & \text{, für } L \le x \le U \\ t_U + t_A(1-\alpha)\,(t_U - 1) & \text{, für } x \ge U \end{cases}$$

Anhang 3

Jahr	Steuersatz in Deutschland		Steuersatz in Großbritannien		
	ermäßigter	Regelsatz	Für kleine Körperschaften	für große Körperschaften (voller Steuersatz)	für mittlere Körperschaften
1977	0,5	0,56	0,42	0,52	0,66
1978	0,5	0,56	0,42	0,52	0,67
1979	0,5	0,56	0,4	0,52	0,66
1980	0,5	0,56	0,4	0,52	0,6
1981	0,5	0,56	0,4	0,52	0,6
1982	0,5	0,56	0,38	0,52	0,56
1983	0,5	0,56	0,3	0,5	0,55
1984	0,5	0,56	0,3	0,45	0,49
1985	0,5	0,56	0,3	0,4	0,43
1986	0,5	0,56	0,29	0,35	0,37
1987	0,5	0,56	0,27	0,35	0,37
1988	0,5	0,56	0,25	0,35	0,38
1989	0,5	0,56	0,25	0,35	0,38
1990	0,46	0,5	0,25	0,34	0,36
1991	0,46	0,5	0,25	0,33	0,35
1992	0,46	0,5	0,25	0,33	0,35
1993	0,46	0,5	0,25	0,33	0,35
1994	0,42	0,45	0,25	0,33	0,35
1995	0,42	0,45	0,25	0,33	0,35
1996	0,42	0,45	0,24	0,33	0,35
1997	0,42	0,45	0,21	0,31	0,34
1998	0,42	0,45	0,21	0,31	0,34

Tabelle T1: Grenzsteuersätze bei Thesaurierung[1]

[1] Vgl. § 23 Abs. 1 und 2 KStG der Jahre 1977, 1990 und 1994, The Stationery Office (1998, S. 170) und eigene Berechnungen.

Anhang 4

Jahr	Steuersatz in Deutschland		Steuersatz in Großbritannien		
	ermäßigter	Regelsatz	für kleine Körperschaften	für große Körperschaften (voller Steuersatz)	für mittlere Körperschaften
1977	0	0	0,12	0,27	0,49
1978	0	0	0,13	0,28	0,51
1979	0	0	0,14	0,31	0,51
1980	0	0	0,14	0,31	0,43
1981	0	0	0,14	0,31	0,43
1982	0	0	0,11	0,31	0,36
1983	0	0	0	0,29	0,36
1984	0	0	0	0,21	0,27
1985	0	0	0	0,14	0,18
1986	0	0	0	0,08	0,11
1987	0	0	0	0,11	0,14
1988	0	0	0	0,13	0,17
1989	0	0	0	0,13	0,17
1990	0	0	0	0,12	0,15
1991	0	0	0	0,11	0,13
1992	0	0	0	0,11	0,13
1993	0	0	0,03	0,13	0,16
1994	0	0	0,06	0,16	0,19
1995	0	0	0,06	0,16	0,19
1996	0	0	0,05	0,16	0,19
1997	0	0	0,01	0,14	0,17
1998	0	0	0,01	0,14	0,17

Tabelle T2: Grenzsteuersätze bei Vollausschüttung[1]

[1] Vgl. The Stationery Office (1998, S. 170) und eigene Berechnungen.

Anhang 5

Der Grenzsteuersatz bei Teilausschüttung in Deutschland liegt über dem in Großbritannien, wenn folgende Ungleichung erfüllt ist:
$t'_{D,G} > t'_{UK,G}$
Um dieses berechnen zu können, wird die Ungleichung in 6 Fälle aufgeteilt:

1. Kleine Körperschaften nach § 23 Abs. 2 und 3 KStG:
   $\alpha\, t_S > t_L + t_A\,(1-\alpha)\,(t_L-1)$
   $\Leftrightarrow \alpha\, t_S > t_L + t_A\,(t_L-1) - t_A\,\alpha\,(t_L-1)$
   $\Leftrightarrow \alpha\, t_S + t_A\,\alpha\,(t_L-1) > t_L + t_A\,(t_L-1)$
   $\Leftrightarrow \alpha\,[t_S + t_A\,(t_L-1)] > t_L + t_A\,(t_L-1)$
   $$\Leftrightarrow \alpha > \frac{t_L + t_A(t_L-1)}{t_S + t_A(t_L-1)} \quad ,\textit{für} \quad t_S + t_A(t_L-1) > 0$$

2. Mittlere Körperschaften nach § 23 Abs. 2 und 3 KStG:
   $\alpha\, t_S > t_U + f + t_A\,(1-\alpha)\,(t_U + f - 1)$
   $\Leftrightarrow \alpha\, t_S > t_U + f + t_A\,(t_U + f - 1) - t_A\,\alpha\,(t_U + f - 1)$
   $\Leftrightarrow \alpha\, t_S + t_A\,\alpha\,(t_U + f - 1) > t_U + f + t_A\,(t_U + f - 1)$
   $\Leftrightarrow \alpha\,[t_S + t_A\,(t_U + f - 1)] > t_U + f + t_A\,(t_U + f - 1)$
   $$\Leftrightarrow \alpha > \frac{t_U + f + t_A(t_U + f - 1)}{t_S + t_A(t_U + f - 1)} \quad ,\textit{für} \quad t_S + t_A(t_U + f - 1) > 0$$

3. Große Körperschaften nach § 23 Abs. 2 und 3 KStG:
   $\alpha\, t_S > t_U + t_A\,(1-\alpha)\,(t_U-1)$
   $\Leftrightarrow \alpha\, t_S > t_U + t_A\,(t_U-1) - t_A\,\alpha\,(t_U-1)$
   $\Leftrightarrow \alpha\, t_S + t_A\,\alpha\,(t_U-1) > t_U + t_A\,(t_U-1)$
   $\Leftrightarrow \alpha\,[t_S + t_A\,(t_U-1)] > t_U + t_A\,(t_U-1)$
   $$\Leftrightarrow \alpha > \frac{t_U + t_A(t_U-1)}{t_S + t_A(t_U-1)} \quad \textit{für} \quad t_S + t_A(t_U-1) > 0$$

4. Übrige kleine Körperschaften:
   $\alpha\, t_R > t_L + t_A\,(1-\alpha)\,(t_L-1)$
   $\Leftrightarrow \alpha\, t_R > t_L + t_A\,(t_L-1) - t_A\,\alpha\,(t_L-1)$
   $\Leftrightarrow \alpha\, t_R + t_A\,\alpha\,(t_L-1) > t_L + t_A\,(t_L-1)$
   $\Leftrightarrow \alpha\,[t_R + t_A\,(t_L-1)] > t_L + t_A\,(t_L-1)$
   $$\Leftrightarrow \alpha > \frac{t_L + t_A(t_L-1)}{t_R + t_A(t_L-1)} \quad ,\textit{für} \quad t_R + t_A(t_L-1) > 0$$

5. Übrige mittlere Körperschaften:

$\alpha\, t_R > t_U + f + t_A\,(1-\alpha)\,(t_U + f - 1)$

$\Leftrightarrow \alpha\, t_R > t_U + f + t_A\,(t_U + f - 1) - t_A\,\alpha\,(t_U + f - 1)$

$\Leftrightarrow \alpha\, t_R + t_A\,\alpha\,(t_U + f - 1) > t_U + f + t_A\,(t_U + f - 1)$

$\Leftrightarrow \alpha\,[t_R + t_A\,(t_U + f - 1)] > t_U + f + t_A\,(t_U + f - 1)$

$$\Leftrightarrow \alpha > \frac{t_U + f + t_A(t_U + f - 1)}{t_R + t_A(t_U + f - 1)} \quad , \textit{für} \quad t_R + t_A(t_U + f - 1) > 0$$

6. Übrige große Körperschaften:

$\alpha\, t_R > t_U + t_A\,(1-\alpha)\,(t_U - 1)$

$\Leftrightarrow \alpha\, t_R > t_U + t_A\,(t_U - 1) - t_A\,\alpha\,(t_U - 1)$

$\Leftrightarrow \alpha\, t_R + t_A\,\alpha\,(t_U - 1) > t_U + t_A\,(t_U - 1)$

$\Leftrightarrow \alpha\,[t_R + t_A\,(t_U - 1)] > t_U + t_A\,(t_U - 1)$

$$\Leftrightarrow \alpha > \frac{t_U + t_A(t_U - 1)}{t_R + t_A(t_U - 1)} \quad , \textit{für} \quad t_R + t_A(t_U - 1) > 0$$

Die Nebenbedingungen sind erfüllt, wie folgende Tabelle T3 zeigt. Dort sind jeweils die sich für die einzelnen Jahre ergebenden Werte eingetragen.

	Kleine Körperschaften entsprechend § 23 Abs. 2 und 3 KStG	Mittlere Körperschaften entsprechend § 23 Abs. 2 und 3 KStG	Große Körperschaften entsprechend § 23 Abs. 2 und 3 KStG	Kleine Körperschaften der sonstigen Art	Mittlere Körperschaften der sonstigen Art	Große Körperschaften der sonstigen Art
1977	0,20	0,33	0,25	0,26	0,39	0,31
1978	0,21	0,34	0,26	0,27	0,40	0,32
1979	0,24	0,35	0,29	0,30	0,41	0,35
1980	0,24	0,33	0,29	0,30	0,39	0,35
1981	0,24	0,33	0,29	0,30	0,39	0,35
1982	0,23	0,31	0,29	0,29	0,37	0,35
1983	0,20	0,31	0,29	0,26	0,37	0,35
1984	0,20	0,28	0,26	0,26	0,34	0,32
1985	0,20	0,25	0,24	0,26	0,31	0,30
1986	0,21	0,24	0,23	0,27	0,30	0,29
1987	0,23	0,27	0,26	0,29	0,33	0,32
1988	0,25	0,29	0,28	0,31	0,35	0,34
1989	0,25	0,29	0,28	0,31	0,35	0,34
1990	0,21	0,25	0,24	0,25	0,29	0,28
1991	0,21	0,24	0,24	0,25	0,28	0,28
1992	0,21	0,24	0,24	0,25	0,28	0,28
1993	0,24	0,27	0,27	0,28	0,31	0,31
1994	0,23	0,26	0,25	0,26	0,29	0,28
1995	0,23	0,26	0,25	0,26	0,29	0,28
1996	0,23	0,26	0,25	0,26	0,29	0,28
1997	0,22	0,25	0,25	0,25	0,28	0,28
1998	0,22	0,25	0,25	0,25	0,28	0,28

Tabelle T3: Werte der Nebenbedingung[1]

[1] Vgl. The Stationery Office (1998, S. 170), § 23 Abs.1 und 2 KStG der Jahre 1977, 1990 und 1994 und eigene Berechnungen.

Anhang 6

Der Grenzsteuersatz für in Deutschland ansässige Körperschaften auf Einkünfte, die in einer britischen Betriebsstätte erzielt werden, liegt unter dem einer deutschen Körperschaft mit sonstigen Einkünften, wenn folgende Gleichung erfüllt ist:

$t'_{D,G} \geq t_U.$

Insoweit sind zwei Fälle zu unterscheiden:

1. Für eine Körperschaft nach § 23 Abs. 2 und 3 KStG:
   $t_S\,\alpha \geq t_U$
   $\Leftrightarrow \alpha \geq t_U / t_S$
2. Für übrige Körperschaften:
   $t_R\,\alpha \geq t_U$
   $\Leftrightarrow \alpha \geq t_U / t_R$

Anhang 7

Bestimmung der Höhe der Bemessungsgrundlage für mittlere Körperschaften, von der an die britische Steuerschuld höher als die deutsche ist:

1.) Zunächst muß die Bedingung, an die die Anwendung des Satzes für mittlere Körperschaften geknüpft ist, zutreffen: $L \leq x \leq U$.

2.) Darüber hinaus muß gelten:
Wenn es sich um eine Körperschaft im Sinne des § 23 Abs. 2 und 3 KStG handelt:

$$(t_U + f)\,x - U\,f \geq t_S\,x$$
$$\Leftrightarrow (t_U + f - t_S)\,x \geq U\,f$$
$$\Leftrightarrow x \geq U\,f / (t_U + f - t_S) \quad \text{, für } (t_U + f - t_S) > 0 \quad \text{und}$$
$$x \leq U\,f / (t_U + f - t_S) \quad \text{, für } (t_U + f - t_S) < 0$$

Wenn eine sonstige Körperschaft vorliegt:

$$(t_U + f)\,x - U\,f \geq t_R\,x$$
$$\Leftrightarrow (t_U + f - t_R)\,x \geq U\,f$$
$$\Leftrightarrow x \geq U\,f / (t_U + f - t_R) \quad \text{, für } (t_U + f - t_R) > 0 \quad \text{und}$$
$$x \leq U\,f / (t_U + f - t_R) \quad \text{, für } (t_U + f - t_R) < 0$$

3.) Tabelle T4 enthält alle Bedingungen für Körperschaften nach § 23 Abs. 2 und 3 KStG auf einen Blick.

Jahr	$(t_U + f - t_S)$ ist positiv (+) oder negativ (-)	Relevante Größen, falls $(t_U + f - t_S)$ positiv ist		relevante Größen, falls $(t_U + f - t_S)$ negativ ist	
		L	$U f / (t_U + f - t_S)$	U	$U f / (t_U + f - t_S)$
1977	+	50.000	74.561,4	85.000	
1978	+	60.000	88.235,3	100.000	
1979	+	70.000	113.750	130.000	
1980	+	80.000	160.000	200.000	
1981	+	90.000	180.000	225.000	
1982	+	100.000	318.181,8	500.000	
1983	+	100.000	500.000	500.000	
1984	-	100.000		500.000	-1.500.000
1985	-	100.000		500.000	-166.666.7
1986	-	100.000		500.000	-55.555,6
1987	-	100.000		500.000	-76.923,1
1988	-	100.000		500.000	-100.000
1989	-	150.000		750.000	-150.000
1990	-	200.000		1.000.000	-230.769,2
1991	-	250.000		1.250.000	-227,272,7
1992	-	250.000		1.250.000	-227,272,7
1993	-	250.000		1.250.000	-227,272,7
1994	-	300.000		1.500.000	-428.571,4
1995	-	300.000		1.500.000	-428.571,4
1996	-	300.000		1.500.000	-500.000
1997	-	300.000		1.500.000	-441.176,5

Tabelle T4: Bedingungen für Körperschaften nach § 23 Abs. 2 und 3 KStG[1]

Sie ist folgendermaßen zu interpretieren:

- In Spalte 1 ist festgehalten, ob die Nebenbedingung positiv oder negativ ist.
- Ist sie positiv, so ist die britische Steuerschuld nur höher als die deutsche, wenn die Bemessungsgrundlage sowohl größer als der Wert in der 2. Spalte als auch größer als der in der 3. Spalte ist.
- Fällt sie negativ aus, so ist die britische Steuerschuld lediglich dann höher als die deutsche, wenn die Bemessungsgrundlage gleichzeitig kleiner als die in Spalte 3 und 4 abgetragenen Werte ist.

[1] Vgl. The Stationery Office (1998, S. 170), § 23 Abs.1 und 2 KStG der Jahre 1977, 1990 und 1994 und eigene Berechnungen.

Alle Bedingungen werden nur von den Jahren 1977 bis 1983 erfüllt. Unter Berücksichtigung der Bedingung $L \leq x \leq U$ ergibt sich daher für die Jahre 1977 bis 1983 für mittlere Körperschaften folgender Wertebereich der Bemessungsgrundlage, bei dem die britische Steuerschuld höher als die deutsche ist:

Jahr	Höhe der Bemessungsgrundlage
1977	74.561,4 bis 85.000
1978	88.235,3 bis 100.000
1979	113.750 bis 130.000
1980	160.000 bis 200.000
1981	180.000 bis 225.000
1982	318.181,8 bis 500.000
1983	500.000

Tabelle T5: Wertebereich, bei dem die Bedingungen erfüllt sind

4.) Tabelle T6 liefert eine Übersicht über alle Bedingungen für sonstige Körperschaften. Sie ist wie Tabelle T4 zu lesen.

Jahr	$(t_U + f - t_R)$ ist positiv (+) oder negativ (-)	relevante Größen, falls $(t_U + f - t_S)$ positiv ist		relevante Größen, falls $(t_U + f - t_S)$ negativ ist	
		L	$U f / (t_U + f - t_S)$	U	$U f / (t_U + f - t_S)$
1977	+	50.000	118.055,6	85.000	
1978	+	60.000	136.363,6	100.000	
1979	+	70.000	182.000	130.000	
1980	+	80.000	400.000	200.000	
1981	+	90.000	450.000	225.000	
1982	-	100.000		500.000	-3.500.000
1983	-	100.000		500.000	-2.500.000
1984	-	100.000		500.000	-258.620,7
1985	-	100.000		500.000	-92.592,6
1986	-	100.000		500.000	-38.461,5
1987	-	100.000		500.000	-52.631,6
1988	-	100.000		500.000	-67.567,6
1989	-	150.000		750.000	-101.351,4
1990	-	200.000		1.000.000	-163.636,4
1991	-	250.000		1.250.000	-166.666,7
1992	-	250.000		1.250.000	-166.666,7
1993	-	250.000		1.250.000	-166.666,7
1994	-	300.000		1.500.000	-300.000
1995	-	300.000		1.500.000	-300.000
1996	-	300.000		1.500.000	-346.153,8
1997	-	300.000		1.500.000	-326.087

Tabelle T6: Bedingungen für sonstige Körperschaften[1]

Beachtet man, daß der Tarif für mittlere Körperschaften nur im Bereich $L \leq x \leq U$ gilt, so stellt man fest, daß alle Bedingungen auf einmal in keinem Jahr zutreffen.

[1] Vgl. The Stationery Office (1998, S. 170), § 23 Abs.1 und 2 KStG der Jahre 1977, 1990 und 1994 und eigene Berechnungen.

Anhang 8

	deutsche Körperschaftsteuer-quote	britische Körperschaftsteu-erquote
1977	0,06	0,27
1978	0,07	0,29
1979	0,07	0,32
1980	0,08	0,42
1981	0,07	0,40
1982	0,08	0,32
1983	0,07	0,24
1984	0,07	0,28
1985	0,09	0,29
1986	0,08	0,43
1987	0,07	0,39
1988	0,07	0,43
1989	0,07	0,56
1990	0,05	0,65
1991	0,05	0,66
1992	0,05	0,49
1993	0,04	0,34
1994	0,03	0,33
1995	0,02	0,41
1996	0,04	0,41

Tabelle T7: Die deutschen und die britischen Körperschaftsteuerquoten von 1977 bis 1996[1]

[1] Vgl. Bundesministerium der Finanzen (1998, S. 245 - 253), Her Majesty's Stationery Office (1982, S. 48), Her Majesty's Stationery Office (1989, S. 57), The Stationery Office (1997, S. 93), OECD (1998, S. 306, 330 und 612), OECD (1994, S. 250 und 522), OECD (1987, S. 228 und 504) und eigene Berechnungen.

Anhang 9

	Nettoanlageinvestitionen der Körperschaften und Quasikörperschaften in Millionen DM	Bruttoanlageinvestitionen ohne Wohngebäude in Millionen DM
1977	79.090	172.140
1978	89.430	189.120
1979	109.600	214.110
1980	119.370	232.550
1981	106.790	231.480
1982	90.880	225.630
1983	100.720	235.040
1984	99.750	239.630
1985	95.970	254.960
1986	101.570	271.650
1987	105.210	283.200
1988	117.800	301.290
1989	137.630	330.590
1990	171.560	371.920
1991	246.800	487.850
1992	257.250	513.970
1993	213.950	478.250
1994	234.690	482.430
1995	238.630	485.230
1996	223.110	472.950

Tabelle T8: Die deutschen Investitionsausgaben[1]

[1] Vgl. OECD (1998, S. 306, 309, 330 und 333), OECD (1994, S. 250 und 253), OECD (1987, S. 228 und 231) und eigene Berechnungen. Ab 1991 sind die Zahlen für das vereinigte Bundesgebiet zugrunde gelegt worden.

Anhang 10

	Nettoanlageinvestitionen der Körperschaften und Quasikörperschaften in Millionen Britischen Pfund	Bruttoanlageinvestitionen ohne Wohngebäude in Millionen Britischen Pfund
1977	5.538	21.337
1978	7.043	24.735
1979	8.054	29.315
1980	7.757	32.887
1981	5.586	33.166
1982	5.670	35.904
1983	4.547	38.168
1984	7.635	43.249
1985	10.030	48.499
1986	9.209	50.892
1987	13.672	58.803
1988	21.969	70.603
1989	30.364	82.455
1990	28.226	86.138
1991	20.429	79.246
1992	17.259	74.908
1993	14.294	74.319
1994	16.025	79.028
1995	19.049	86.481
1996	21.115	92.085

Tabelle T9: Die Investitionsausgaben in Großbritannien[1]

[1] Vgl. OECD (1998, S. 612 und 615), OECD (1994, S. 522 und 525), OECD (1987, S. 504 und 507) und eigene Berechnungen.

Anhang 11

	Für Deutschland		Für Großbritannien	
	Nettoanlage-investitions-quote der Kör-perschaften und Quasikör-perschaften	Bruttoanlage-investitions-quote ohne Wohngebäude	Nettoanlage-investitions-quote der Kör-perschaften und Quasikör-perschaften	Bruttoan-lageinvesti-tionsquote ohne Wohn-gebäude
1977	0,0660	0,1437	0,0381	0,1467
1978	0,0696	0,1471	0,0420	0,1475
1979	0,0787	0,1538	0,0410	0,1493
1980	0,0811	0,1580	0,0335	0,1422
1981	0,0696	0,1508	0,0220	0,1304
1982	0,0572	0,1421	0,0204	0,1290
1983	0,0604	0,1409	0,0150	0,1258
1984	0,0570	0,1369	0,0235	0,1331
1985	0,0526	0,1398	0,0281	0,1362
1986	0,0528	0,1411	0,0240	0,1327
1987	0,0529	0,1423	0,0324	0,1394
1988	0,0562	0,1437	0,0468	0,1503
1989	0,0619	0,1486	0,0590	0,1603
1990	0,0707	0,1533	0,0515	0,1568
1991	0,0865	0,1710	0,0356	0,1381
1992	0,0836	0,1669	0,0289	0,1255
1993	0,0676	0,1512	0,0227	0,1182
1994	0,0705	0,1450	0,0240	0,1186
1995	0,0690	0,1403	0,0272	0,1233
1996	0,0630	0,1335	0,0286	0,1246

Tabelle T10: Investitionsquoten von Deutschland und Großbritannien [1]

[1] Vgl. OECD (1998, S. 306, 309, 330, 333, 612 und 615), OECD (1994, S. 250, 253, 522 und 525), OECD (1987, S. 228, 231, 504 und 507) und eigene Berechnungen. Ab 1991 sind die Zahlen für das vereinigte Bundesgebiet zugrunde gelegt worden.

Anhang 12

Wahrscheinlichkeit	$t_{17,\text{Wahrscheinlichkeit}}$	$t_{18,\text{Wahrscheinlichkeit}}$
0,01	-2,567	-2,552
0,025	-2,110	-2,101
0,05	-1,740	-1,734
0,1	-1,333	-1,330
0,15	-1,069	-1,067
0,2	-0,863	-0,862
0,25	-0,689	-0,688
0,3	-0,534	-0,534
0,35	-0,392	-0,392
0,4	-0,257	-0,257
0,45	-0,128	-0,127
0,5	0	0
0,55	0,128	0,127
0,6	0,257	0,257
0,65	0,392	0,392
0,7	0,534	0,534
0,75	0,689	0,688
0,8	0,863	0,862
0,85	1,069	1,067
0,9	1,333	1,330
0,95	1,740	1,734
0,975	2,110	2,101
0,99	2,567	2,552

Tabelle T11: Die t-Verteilung[1]

[1] Vgl. Bortz (1989, S. 840) und eigene Berechnungen.

Anhang 13

	Veränderungen in Deutschland in Millionen Deutsche Mark		Veränderungen in Großbritannien in Millionen Britische Pfund	
	Nettoanlageinvestitionen der Körperschaften und Quasikörperschaften	Bruttoanlageinvestitionen ohne Wohngebäude	Nettoanlageinvestitionen der Körperschaften und Quasikörperschaften	Bruttoanlageinvestitionen ohne Wohngebäude
1977-1978	10.340	16.980	1.505	3.398
1978-1979	20.170	24.990	1.011	4.580
1979-1980	9.770	18.440	-297	3.572
1980-1981	-12.580	-1.070	-2.171	279
1981-1982	-15.910	-5.850	84	2.738
1982-1983	9.840	9.410	-1.123	2.264
1983-1984	-970	4.590	3.088	5.081
1984-1985	-3.780	15.330	2.395	5.250
1985-1986	5.600	16.690	-821	2.393
1986-1987	3.640	11.550	4.463	7.911
1987-1988	12.590	18.090	8.297	11.800
1988-1989	19.830	29.300	8.395	11.852
1989-1990	33.930	41.330	-2.138	3.683
1990-1991	75.240	115.930	-7.797	-6.892
1991-1992	10.450	26.120	-3.170	-4.338
1992-1993	-43.300	-35.720	-2.965	-589
1993-1994	20.740	4.180	1.731	4.709
1994-1995	3.940	2.800	3.024	7.453
1995-1996	-15.520	-12.280	2.066	5.604

Tabelle T12: Veränderungen der Investitionshöhe[1]

[1] Vgl. Anhang 9 Tabelle T8 und Anhang 10 Tabelle T9 und eigene Berechnungen.

	Veränderungen in Deutschland		Veränderungen in Großbritannien	
	Plakativer Steuersatz	Körperschaft-steuerquote	Plakativer Steuersatz	Körperschaft-steuerquote
1977-1978	0	0,00569589	0	0,0197267
1978-1979	0	0,0047053	0	0,0298073
1979-1980	0	0,00342989	0	0,0962972
1980-1981	0	-0,00405243	0	-0,02248413
1981-1982	0	0,00207736	0	-0,07733201
1982-1983	0	-0,00248708	-0,02	-0,08360891
1983-1984	0	0,00141147	-0,05	0,03870736
1984-1985	0	0,01016015	-0,05	0,01158143
1985-1986	0	-0,00677205	-0,05	0,13856784
1986-1987	0	-0,01304893	0	-0,03178735
1987-1988	0	-0,00003492	0	0,03761673
1988-1989	0	0,00348817	0	0,12905881
1989-1990	-0,06	-0,01444237	-0,01	0,08800079
1990-1991	0	-0,0006503	-0,01	0,01373665
1991-1992	0	-0,00299064	0	-0,17329649
1992-1993	0	-0,00567253	0	-0,15067919
1993-1994	-0,05	-0,01685844	0	-0,01205824
1994-1995	0	-0,00387794	0	0,0814
1995-1996	0	0,01282473	0	0,00367184

Tabelle T13: Änderungen der plakativen Steuersätze und der Körperschaftsteuerquoten[1]

[1] Vgl. Anhang 3 Tabelle T1, Anhang 8 Tabelle T7 und eigene Berechnungen.

Anhang 14

Die Tabellen T14 bis T17 enthalten die wichtigsten Eckdaten für die Hypothesentests. Wie die Tabellen zu interpretieren sind, soll an zwei Beispielen erläutert werden:

1) Hypothesentest der H^p_1 - Hypothese anhand der deutschen Körperschaftsteuerquote und der deutschen Nettoanlageinvestitionen der Körperschaften und Quasikörperschaften für t = 0
   - Der Korrelationskoeffizient beträgt - 0,1673505032 (auf vier Stellen gerundet - 0,1674).
   - Der kritische t-Wert, bis zu dem H^p_0 verworfen wird, ist:

     $$\frac{-0{,}1673505032\cdot\sqrt{19-2}}{\sqrt{1-(-0{,}1673505032)^2}}=-0{,}699873$$
   - Tabelle T11 unter Verwendung von Gleichung (14) ist zu entnehmen, daß H^p_0 bei 1- α = 0,2 noch verworfen, bei 1-α = 0,25 aber nicht mehr abgelehnt wird.
   - Somit wird H^p_1 mit einer Irrtumswahrscheinlichkeit von α = 0,8 noch angenommen, aber nicht mehr unterstützt, wenn die Wahrscheinlichkeit eines Fehlers nur noch α = 0,75 betragen soll.

2) Hypothesentest der H^n_1 - Hypothese anhand der deutschen Körperschaftsteuerquote und der deutschen Nettoanlageinvestitionen der Körperschaften und Quasikörperschaften für t = 0
   - Der Korrelationskoeffizient nimmt den Wert - 0,16735032 (auf vier Stellen gerundet - 0,1674) an.
   - Der kritische t-Wert, ab dem H^n_0 verworfen wird, ist:

     $$\frac{-0{,}16735032\cdot\sqrt{19-2}}{\sqrt{1-(-0{,}1673505032)^2}}=-0{,}699873$$
   - Aus Tabelle T11 unter Verwendung von Gleichung (13) ist abzulesen, daß H^n_0 noch verworfen und somit H^n_1 angenommen wird, wenn α = 0,25 ist, aber bei α = 0,2 H^n_0 angenommen und somit H^n_1 nicht mehr unterstützt wird.

	$r_{x,y}$	kritischer t- Wert	Sicherheitswahrscheinlichkeit 1-α		Irrtumswahrscheinlichkeit α	
			bei der H^p_0 noch verworfen wird	bei der H^p_0 angenommen wird	bei der H^p_1 noch angenommen wird	bei der H^p_1 bereits verworfen wird
Körperschaftsteuerquote und Nettoanlageinvestitionen der Körperschaften und Quasikörperschaften für t =0	-0,1674	-0,6999	0,2	0,25	0,8	0,75
Körperschaftsteuerquote und Bruttoanlageinvestitionen ohne Wohngebäude für t = 0	-0,0267	-0,1101	0,45	0,5	0,55	0,5
Körperschaftsteuerquote und Nettoanlageinvestitionen der Körperschaften und Quasikörperschaften für t = 1	-0,2023	-0,8516	0,2	0,25	0,8	0,75
Körperschaftsteuerquote und Bruttoanlageinvestitionen ohne Wohngebäude für t = 1	-0,1875	-0,7869	0,2	0,25	0,8	0,75

Tabelle T14: Die H^p_1 - Hypothese anhand der deutschen Daten

	$r_{x,y}$	kritischer t-Wert	Irrtumswahrscheinlichkeit α	
			bei der $H^n{}_1$ noch angenommen wird	bei der $H^n{}_1$ bereits verworfen wird
Plakativer Steuersatz und Nettoanlageinvestitionen der Körperschaften und Quasikörperschaften für t =0	-0,3011	-1,3020	0,15	0,1
Plakativer Steuersatz und Bruttoanlageinvestitionen ohne Wohngebäude für t = 0	-0,1021	-0,4233	0,35	0,3
Körperschaftsteuerquote und Nettoanlageinvestitionen der Körperschaften und Quasikörperschaften für t =0	-0,1674	-0,6999	0,25	0,2
Körperschaftsteuerquote und Bruttoanlageinvestitionen ohne Wohngebäude für t = 0	-0,0267	-0,1101	0,5	0,45
Plakativer Steuersatz und Nettoanlageinvestitionen der Körperschaften und Quasikörperschaften für t =1	-0,5257	-2,5478	0,025	0,01
Plakativer Steuersatz und Bruttoanlageinvestitionen ohne Wohngebäude für t = 1	-0,5799	-2,9346	0,01	$\rightarrow 0$
Körperschaftsteuerquote und Nettoanlageinvestitionen der Körperschaften und Quasikörperschaften für t = 1	-0,2023	-0,8516	0,25	0,2
Körperschaftsteuerquote und Bruttoanlageinvestitionen ohne Wohngebäude für t = 1	-0,1875	-0,7869	0,25	0,2

Tabelle T15: Die $H^n{}_1$ - Hypothese auf Basis der deutschen Daten

	$r_{x,y}$	kritischer t- Wert	Sicherheitswahrscheinlichkeit 1-α		Irrtumswahrscheinlichkeit α	
			bei der H^p_0 noch verworfen wird	bei der H^p_0 angenommen wird	bei der H^p_1 noch angenommen wird	bei der H^p_1 bereits verworfen wird
Körperschaftsteuerquote und Nettoanlageinvestitionen der Körperschaften und Quasikörperschaften für t =0	0,3819	1,7037	0,9	0,95	0,1	0,05
Körperschaftsteuerquote und Bruttoanlageinvestitionen ohne Wohngebäude für t = 0	0,5053	2,4143	0,975	0,99	0,025	0,01
Körperschaftsteuerquote und Nettoanlageinvestitionen der Körperschaften und Quasikörperschaften für t = 1	-0,0575	-0,2376	0,4	0,45	0,6	0,55
Körperschaftsteuerquote und Bruttoanlageinvestitionen ohne Wohngebäude für t = 1	0,0042	0,0172	0,5	0,55	0,5	0,45

Tabelle T16: Die H^p_1 - Hypothese auf Basis der Daten von Großbritannien

	$r_{x,y}$	kritischer t- Wert	Irrtumswahrscheinlichkeit α	
			bei der H^n_1 noch angenommen wird	bei der H^n_1 bereits verworfen wird
plakativer Steuersatz und Nettoanlageinvestitionen der Körperschaften und Quasikörperschaften für t =0	0,0342	0,1412	0,6	0,55
plakativer Steuersatz und Bruttoanlageinvestitionen ohne Wohngebäude für t = 0	0,0376	0,1551	0,6	0,55
Körperschaftsteuerquote und Nettoanlageinvestitionen der Körperschaften und Quasikörperschaften für t =0	0,3819	1,7037	0,95	0,9
Körperschaftsteuerquote und Bruttoanlageinvestitionen ohne Wohngebäude für t = 0	0,5053	2,4143	0,99	0,975
plakativer Steuersatz und Nettoanlageinvestitionen der Körperschaften und Quasikörperschaften für t =1	-0,0819	-0,3387	0,4	0,35
plakativer Steuersatz und Bruttoanlageinvestitionen ohne Wohngebäude für t = 1	-0,0366	-0,1511	0,45	0,4
Körperschaftsteuerquote und Nettoanlageinvestitionen der Körperschaften und Quasikörperschaften für t = 1	-0,0575	-0,2376	0,45	0,4
Körperschaftsteuerquote und Bruttoanlageinvestitionen ohne Wohngebäude für t = 1	0,0042	0,0172	0,55	0,5

Tabelle T17: Die H^n_1 - Hypothese anhand der Daten von Großbritannien

Anhang 15

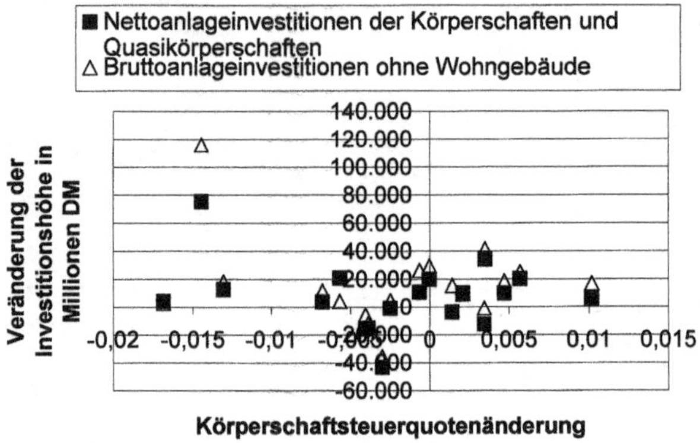

Abbildung A1: Änderungen der deutschen Investitionen in Abhängigkeit von Änderungen der deutschen Körperschaftsteuerquote für t = 1[1]

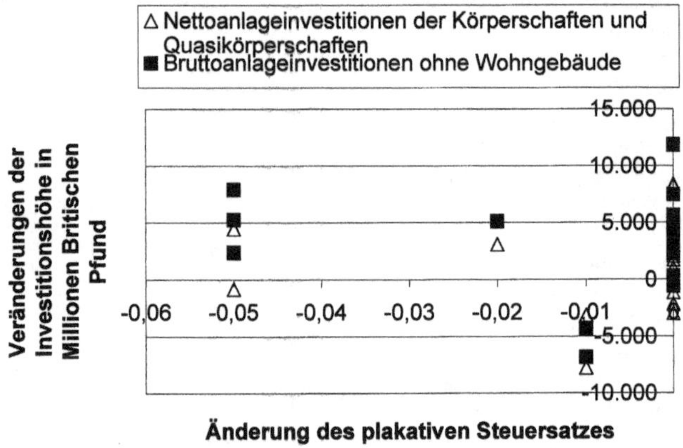

Abbildung A2: Streuungsdiagramm anhand der britischen Daten des plakativen Steuersatzes und der Investitionen für t = 1[2]

[1] Vgl. OECD (1998, S. 306, 309, 330 und 333), OECD (1994, S. 250 und 253), OECD (1987, S. 228 und 231), Bundesministerium der Finanzen (1998, S. 245 - 253) und eigene Berechnungen. Ab 1991 sind die Zahlen für das vereinigte Bundesgebiet zugrunde gelegt worden.

[2] Vgl. The Stationery Office (1998, S. 170), OECD (1998, S. 612 und 615), OECD (1994, S. 522 und 525), OECD (1987, S. 504 und 507) und eigene Berechnungen.

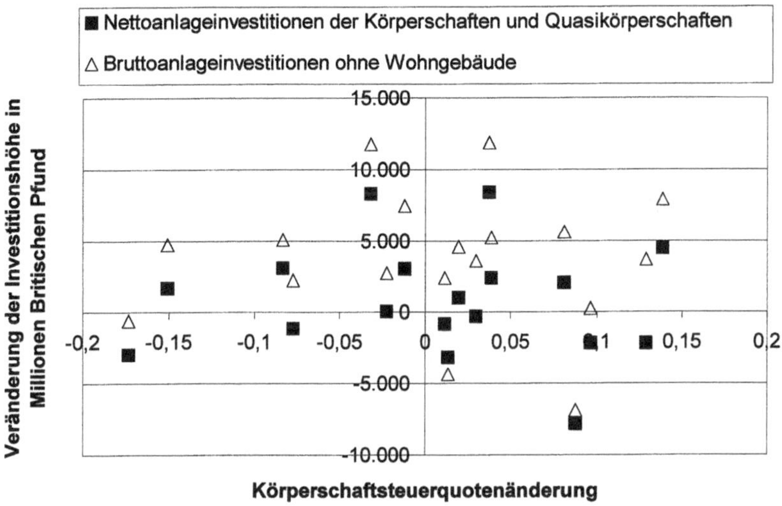

Abbildung A3: Streuungsdiagramm anhand der britischen Daten der Körperschaftsteuerquote und der Investitionen für t = 1[1]

[1] Vgl. OECD (1998, S. 612 und 615), OECD (1994, S. 522 und 525), OECD (1987, S. 504 und 507), Her Majesty´s Stationery Office (1982, S. 48), Her Majesty´s Stationery Office (1989, S. 57), The Stationery Office (1997, S. 93) und eigene Berechnungen.

Anhang 16

Um die Hypothese der räumlichen Steuerausweichung zu überprüfen, kann insbesondere folgender Test anhand der Steuersatzdifferentiale und der Investitionsunterschiede (vgl. Tabelle T18) durchgeführt werden:

	Plakativer Steuersatz	Nettoanlageinvestitionsquote der Körperschaften und Quasikörperschaften	Bruttoanlageinvestitionsquote ohne Wohngebäude
1977	0,04	0,0279557	-0,00297631
1978	0,04	0,02758014	-0,00035795
1979	0,04	0,03770217	0,0044894
1980	0,04	0,0475453	0,01575353
1981	0,04	0,04760288	0,02036964
1982	0,04	0,03684796	0,01303712
1983	0,06	0,04538321	0,01511407
1984	0,11	0,03346729	0,00372325
1985	0,16	0,02447824	0,00367621
1986	0,21	0,02875091	0,00843725
1987	0,21	0,02045012	0,00289764
1988	0,21	0,00943639	-0,0065493
1989	0,21	0,00282551	-0,01172593
1990	0,16	0,01926707	-0,00348373
1991	0,17	0,05089101	0,03287837
1992	0,17	0,05465165	0,04147733
1993	0,17	0,04488981	0,03295264
1994	0,12	0,04646956	0,02636813
1995	0,12	0,04182136	0,01697528
1996	0,12	0,03443638	0,00898136

Tabelle T18: Unterschiede zwischen Deutschland und Großbritannien[1]

- Der Korrelationskoeffizient für t = 0 beträgt – 0,4282 (bzw. – 0,0366) und entspricht für t = 1 einem Wert von – 0,4441 (bzw. – 0,0686).
- Der kritische t-Wert liegt für t = 0 bei – 2,0101 (bzw. – 0,1554) und für t = 1 bei – 2,1023 (bzw. – 0,2915).

[1] Vgl. Anhang 3 Tabelle T1, Anhang 11 Tabelle T10 und eigene Berechnungen.

- Aus Tabelle 11 unter Verwendung von Gleichung (13) ist zu entnehmen, daß für t = 0 H^n_1 bei $\alpha = 0{,}05$ (bzw. 0,5) noch angenommen, bei $\alpha = 0{,}025$ (bzw. 0,45) aber nicht mehr unterstützt wird und daß für t = 1 eine Entscheidung zugunsten der H^n_1 bei $\alpha = 0{,}025$ (bzw. 0,4) noch akzeptiert wird, bei $\alpha = 0{,}01$ (bzw. 0,35) allerdings nicht mehr.

Literaturverzeichnis

- Altmann, Jörn (1995). Wirtschaftspolitik. 6., erw. und völlig überarb. Aufl., Stuttgart
- Barbier, Hans D. (1999). Die Lebensbrücke. in: Frankfurter Allgemeine Zeitung, Nr. 143/25 D vom 24. Juni 1999, S. 17
- Becker, Henning (1990). Finanzwissenschaftliche Steuerlehre. München
- Blankart, Charles B. (1998). Öffentliche Finanzen in der Demokratie. 3., völlig überarb. Aufl., München
- Blazek, Alfred (1970). Die Wirkung der Besteuerung auf das Arbeitsangebot. Berlin
- Bortz, Jürgen (1989). Statistik. 3., neu bearb. Aufl., Berlin
- Brümmerhoff, Dieter (1991). Volkswirtschaftliche Gesamtrechnungen. 3., völlig überarb. und erw. Aufl., München
- Brümmerhoff, Dieter (1996). Finanzwissenschaft. 7., völlig überarb. Aufl., München
- Bundesminister der Finanzen (Hrsg.) (1992). Unsere Steuern von A - Z. 14. Aufl., Bonn
- Bundesministerium der Finanzen (Hrsg.) (1991). Finanzbericht 1992. Bonn
- Bundesministerium der Finanzen (Hrsg.) (1998). Finanzbericht 1999. Bonn
- Central Office of Information (Hrsg.) (1986). Britain´s Tax System. London
- Claassen, Frank (1994). Steuerbelastung internationaler Investitionen. Hamburg
- Deger, Rupert (1995). Deutschland versus Weltklasse. Stuttgart
- Eilenberger, Guido (1997). Betriebliche Finanzwirtschaft. 6., überarb. Aufl., München
- Esser, Klaus (1990). Standortfaktor Unternehmensbesteuerung. in: Schmalenbachs Zeitschrift für betriebswirtschaftliche Forschung, 42. Jg., Heft 2, S. 157 - 192
- Frankfurter Allgemeine Zeitung (1999a). Die deutsche Wirtschaft klagt über die Steuerlast. in: Frankfurter Allgemeine Zeitung, Nr. 142/25 D vom 23. Juni 1999, S. 17
- Frankfurter Allgemeine Zeitung (1999b). Sprungbrett statt Sicherheitsnetz. in: Frankfurter Allgemeine Zeitung, Nr. 131/23 D vom 10. Juni 1999, S. 19
- Frankfurter Allgemeine Zeitung (1999c). Plädoyer für eine Senkung der Steuersätze. in: Frankfurter Allgemeine Zeitung, Nr. 142/25 D vom 23. Juni 1999, S. 19
- Friedrich-Naumann-Stiftung (Hrsg.) (1990). Das Programm der Liberalen. 1.Aufl., Baden-Baden

- Fuest, Winfried; Kroker, Rolf (1987). Irrtümer in der aktuellen Steuerdiskussion. Köln
- Graf, Gerhard (1999). Grundlagen der Finanzwissenschaft. Heidelberg
- Gries, Thomas; Hentschel, Claudia (1994). Internationale Wettbewerbsfähigkeit - was ist das? in: Wirtschaftsdienst, 74. Jg., Heft 8, S. 416 – 422
- Hackl, Peter; Katzenbeisser, Walter (1996). Statistik. 10., durchgesehene Aufl., München
- Haeder, Wolfgang (1992). Sozialproduktrechnung. München
- Hancock, Dora (1995). An Introduction to Taxation. 2. Aufl., London
- Handelsblatt (1999). Schröder fordert Modernisierung der Sozialsysteme. in: Handelsblatt, Nr. 108/23 vom 9. Juni 1999, S. 3
- Härtel, Hans-Hagen; Jungnickel, Rolf (1998). Strukturprobleme einer reifen Volkswirtschaft in der Globalisierung. 1. Aufl., Baden-Baden
- Hartung, Joachim; Elpelt, Bärbel; Klösener, Karl-Heinz (1998). Statistik. 11., durchgesehene Aufl., München
- Heinen, Edmund; Dietel, Bernhard (1991). Kostenrechnung. in: Heinen, Edmund (Hrsg.): Industriebetriebslehre. 9., vollständig neu bearb. und erw. Aufl., Wiesbaden, S. 1157 - 1313
- Heinsen, Oliver (1997). Einführung in die Doppelbesteuerungsabkommen. in: Steuer und Studium, 18. Jg., Heft 7, S. 300 - 320
- Heise, Michael (1993). Die deutsche Wirtschaft im internationalen Standortwettbewerb. in: Wirtschaftsdienst, 73. Jg., Heft 7, S. 348 - 355
- Henselmann, Klaus (1994). Erfolgsmessung und Steuerbelastung. Heidelberg
- Her Majesty's Stationery Office (1982). National Income and Expenditure. London
- Her Majesty's Stationery Office (1985). United Kingdom National Accounts Sources and Methodes. 3. Aufl., London
- Her Majesty's Stationery Office (1989). United Kingdom National Accounts. London
- Herzig, Norbert (1990). Nationale und internationale Aspekte einer Reform der Körperschaftsteuer. in: Steuer und Wirtschaft, 67. Jg., Heft 1, S. 22 - 39
- Hills, John (1988). Changing Tax. London
- Hippmann, Hans-Dieter (1994). Statistik für Wirtschafts- und Sozialwissenschaftler. Stuttgart
- Homer, Arnold; Burrows, Rita (1987). Tolley's Tax Guide 1987/88. 5. Aufl., Croydon Surrey
- Income and Corporation Taxes Act 1988 (1990). in: Her Majesty's Stationery Office (Hrsg.): The Taxes Acts. London

- Jacobs, Otto H.; Spengel, Christoph (1996). Unternehmensbesteuerung im internationalen Vergleich - Eine Bestandsaufnahme. in: Siebert, Horst (Hrsg.): Steuerpolitik und Standortqualität. Tübingen, S. 49 - 98
- Jacobs, Otto H. (Hrsg.); Endres, Dieter; Selent, Alexander; Storck, Alfred (1995). Internationale Unternehmensbesteuerung. 3., neubearb. und erw. Aufl., München
- Jatzek, Hans-Georg; Leibfritz, Willi (1982). Der Einfluß der Steuern auf die Investitionstätigkeit der Unternehmen. Berlin
- Knief, Peter (1997). Ratgeber zur Körperschaftsteuer. 7., überarb. Aufl., Stuttgart
- Köhler, Claus (1998). Beschäftigung erhöhen, Arbeitslosigkeit verringern. in: Utz, Arthur F. (Hrsg.): Die massive Arbeitslosigkeit und die Wirtschaftsordnung. Berlin, S. 85 - 104
- Kramer, Jörg-Dietrich (1988). Systematik und praxisbezogene Anwendung des deutsch-britischen Doppelbesteuerungsabkommens. in: Internationale Wirtschaftsbriefe, Fach 5 Gruppe 2 Nr. 12 vom 25.6.1988, S. 245 - 256
- Kroker, Rolf (1995). Deutschland - Angeschlagene Standortqualität. in: WSI Mitteilungen, 48 Jg., Heft 11, S. 705 - 711
- Kromphardt, Jürgen; Bathe Oliver (1997). Direktinvestitionen - Ein Indikator für die internationale Wettbewerbsfähigkeit? in: Helmstädter, Ernst; Poser, Günter; Ramser, Hans Jürgen (Hrsg.): Beiträge zur angewandten Wirtschaftsforschung. Berlin, S. 363 - 379
- Kromphardt, Jürgen (1998a). Bedingungen für eine Verringerung der Arbeitslosigkeit. in: Utz, Arthur F. (Hrsg.): Die massive Arbeitslosigkeit und die Wirtschaftsordnung. Berlin, S. 105 -128
- Kromphardt, Jürgen (1998b). Grundlagen der Makroökonomie. München
- Künne, Thomas (1997). Die effektive Steuerbelastung von Investitionen auf dem Europäischen Binnenmarkt. Hamburg
- Lammerding, Jo (1993). Abgabenordnung Finanzgerichtsordnung und Nebengesetze. 12. Aufl., Achim
- Lange, Joachim; Reiß, Wolfram (1994). Lehrbuch der Körperschaftsteuer. 7.,völlig überarb. Aufl., Herne / Berlin
- Langkau, Jochem; Napp, Hans-Georg; Rahmann, Bernd; Roloff, Otto (1989). Steuerstandort Bundesrepublik Deutschland. Bonn
- Leibfritz, Willi (1986). Die Steuerbelastung der Kapitalbildung im internationalen Vergleich. in: Ifo - Schnelldienst, Heft 1-2, S. 3 - 15
- Majer, Helge (1997). Makroökonomik. 6., durchgesehene Aufl., München
- Molitor, Bruno (1995).Wirtschaftspolitik. 5.,überarb. und ergänzte Aufl., München

- Nellis, Helen G.; Parker, David (1992). The Essence of Business Taxation. New York
- Nowotny, Ewald (1996). Der öffentliche Sektor. 3., neubearb. und erw. Aufl., Heidelberg
- Olfert, Klaus (1992). Investition. 5., überarb. und erw. Aufl., Ludwigshafen
- Organisation for Economic Co-Operation and Development (1987). National Accounts. Paris
- Organisation for Economic Co-Operation and Development (1993). International Direct Investment Statistics Yearbook 1993. Paris
- Organisation for Economic Co-Operation and Development (1994). National Accounts. Paris
- Organisation for Economic Co-Operation and Development (1995). National Accounts. Paris
- Organisation for Economic Co-Operation and Development (1997). National Accounts. Paris
- Organisation for Economic Co-Operation and Development (1998). National Accounts. Paris
- Peffekoven, Rolf (1996). Einführung in die Grundbegriffe der Finanzwissenschaft. 3., überarb. Aufl., Darmstadt
- Pointon, John; Spratley, Derek (1988). Principles of Business Taxation. Oxford
- Popp, Michael (1983). Die Steuern des Unternehmens. Band 1, München
- Pritchard, W. E.; Murphy, D. (1989). Taxation. London
- Rinne, Horst (1996). Wirtschafts- und Bevölkerungsstatistik. München
- Rittenbruch, Klaus (1993). Makroökonomie. 8., völlig überarb. und erw. Aufl., München
- Roloff, Otto; Brander, Sibylle; Barens, Ingo; Wesselbaum, Claudia (1994). Direktinvestitionen und internationale Steuerkonkurrenz. Frankfurt am Main
- Rose, Gerd (1973). Die Steuerbelastung der Unternehmung. Wiesbaden
- Rose, Gerd (1999). Grundzüge des Internationalen Steuerrechts. 4., vollständig überarb. Aufl., Wiesbaden
- Rose, Gerd (1997). Die Ertragsteuern. 15., überarb. Aufl., Wiesbaden
- Sandford, Cedric (1992). Economics of Public Finance. 4. Aufl., Oxford
- Schneider, Dieter (1988). Wider leichtfertige Steuerbelastungsvergleiche. in: Die Wirtschaftsprüfung, 41. Jg., Heft 10, S. 281 - 291
- Schneider, Dieter (1989). Reform der Unternehmensbesteuerung aus betriebswirtschaftlicher Sicht. in: Steuer und Wirtschaft, 66. (19.) Jg., Heft 4, S. 328 - 339
- Schneider, Dieter (1990a). Investition, Finanzierung und Besteuerung. 6.,vollständig neu bearb. Aufl., Wiesbaden

- Schneider, Dieter (1990b). Meßkonzepte zur Steuerbelastung von Unternehmen. in: Wirtschaftswissenschaftliches Studium, 19. Jg., Heft 10, S. 497 - 502
- Sievert, Olaf; Naust, Hermann; Jochum, Dieter; Peglow, Michael; Glumann, Thorolf (1989). Steuern und Investitionen. Teil 2, Frankfurt am Main
- Spengel, Christoph (1996). Höhe und Struktur der Unternehmensbesteuerung in Europa - Ein Belastungsvergleich auf der Basis eines Unternehmensmodells. in: Jacobs, Otto H.; Spengel, Christoph (Hrsg.): Aspekte der Unternehmensbesteuerung in Europa. 1. Aufl., Baden-Baden
- Statistisches Bundesamt (1994). Unternehmen und Arbeitsstätten. Fachserie 2 Reihe 2.1, Wiesbaden
- Statistisches Bundesamt (1998). Volkswirtschaftliche Gesamtrechnungen. Fachserie 18 Reihe 1.3, Wiesbaden
- Süddeutsche Zeitung (1999a). Zustimmung und Kritik zu den Reformvorhaben der Bundesregierung. in: Süddeutsche Zeitung, Nr. 142 vom 24. Juni 1999, S. 23
- Süddeutsche Zeitung (1999b).Wie hoch ist die deutsche Wirtschaft belastet? in: Süddeutsche Zeitung, Nr. 142 vom 24. Juni 1999, S. 23
- The Stationery Office (1997). United Kingdom National Accounts. London
- The Stationery Office (1998). United Kingdom National Accounts. London
- Thümler, Axel (1994). Körperschaftsteuerliches Anrechnungsverfahren und internationales Steuerrecht. Frankfurt am Main
- Tiley, John (1985). Butterworths UK Tax Guide 1985-86. 4. Aufl., London
- Tiley, John; Collison, David (1997). Tiley and Collison´s UK Tax Guide 1997-98. 15. Aufl., London
- Tirard, Jean-Marc; Chance, Clifford (1994). Corporate Taxation in EU Countries. London
- United Nations (1968). A System of National Accounts. New York
- von der Lippe, Peter Michael (1996). Wirtschaftsstatistik. 5., völlig neubearb. und erw. Aufl., Stuttgart
- Wesselbaum-Neugebauer, Claudia (1994). Internationale Steuerbelastungsvergleiche. Frankfurt am Main
- Wenz, Martin (1994). Unternehmensbesteuerung in Großbritannien. in: Internationale Wirtschaftsbriefe, Fach 5 Gruppe 2 Nr. 20 vom 26.10.1994, S. 945 - 974
- Wenz, Martin (1995). Advance Corporation Tax in Großbritannien. in: Internationale Wirtschaftsbriefe, Fach 5 Gruppe 2 Nr. 8 vom 26.4.1995, S. 359 - 376
- Wöhe, Günter (1991). Die Steuern des Unternehmens. 6., überarb. und erw. Aufl., München

- Zenthöfer, Wolfgang; Leben, Gerd (1998). Körperschaftsteuer Gewerbesteuer. 9., neubearb. Aufl., Stuttgart
- Zimmermann, Horst; Henke, Klaus-Dirk (1990). Finanzwissenschaft. 6., überarb. Aufl., München
- Zwer, Reiner (1986). Internationale Wirtschafts- und Sozialstatistik. 2., aktualisierte und erw. Aufl., München
- Zwer, Reiner (1994). Einführung in die Wirtschafts- und Sozialstatistik. 2.,überarb. und erw. Aufl., München

Quellenverzeichnis

- Abgabenordnung (1996) in der Fassung vom 1. Februar 1996. in: Wichtige Steuergesetze, 43. Aufl., Herne / Berlin
- Deutscher Bundestag (1988). Gesetzentwurf. Entwurf eines Gesetzes zur Förderung von Investitionen und Arbeitsplätzen (Investitionsförderungsgesetz). Drucksache 11/3705
- Deutscher Bundestag (1998). Gesetzentwurf. Entwurf eines Steuerentlastungsgesetzes 1999/2000/2002. Drucksache 14/23
- EG-Amtshilfe-Gesetz (1985) in der Fassung vom 19. Dezember 1985. in Bundesgesetzeblatt I, S. 2441
- Einkommensteuergesetz (1996) in der Fassung vom 1. Februar 1996. in: Wichtige Steuergesetze, 43. Aufl., Herne / Berlin
- Gesetz zu dem Abkommen vom 26. November 1964 zwischen der Bundesrepublik Deutschland und dem Vereinigten Königreich Großbritannien und Nordirland zur Vermeidung der Doppelbesteuerung und zur Verhinderung der Steuerverkürzung (1966). in: Bundesminister der Finanzen (Hrsg.): Bundessteuerblatt, Teil 1, S. 729 - 744
- Gewerbesteuergesetz (1996) in der Fassung vom 1. Februar 1996. in: Wichtige Steuergesetze, 43. Aufl., Herne / Berlin
- Körperschaftsteuergesetz 1977 in der Fassung vom 31. August 1976 (Bundessteuerblatt I, S. 455)
- Körperschaftsteuergesetz 1990 in der Fassung vom 25. Juli 1988 (Bundessteuerblatt I, S. 246)
- Körperschaftsteuergesetz 1994 in der Fassung vom 13. September 1993 (Bundessteuerblatt I, S. 783)
- Körperschaftsteuergesetz (1996) in der Fassung vom 1. Februar 1996. in: Wichtige Steuergesetze, 43. Aufl., Herne / Berlin
- Revisionsprotokoll zu dem am 26. November 1964 in Bonn unterzeichneten Abkommen zwischen der Bundesrepublik Deutschland und dem Vereinigten Königreich Großbritannien und Nordirland zur Vermeidung der Doppelbesteuerung und zur Verhinderung der Steuerverkürzung (1971). in: Bundesminister für Wirtschaft und Finanzen (Hrsg.): Bundessteuerblatt, Teil 1, S. 140 - 143
- Umsatzsteuergesetz (1996) in der Fassung vom 1. Februar 1996. in: Wichtige Steuergesetze, 43. Aufl., Herne / Berlin

Peter Lang · Europäischer Verlag der Wissenschaften

Hans-Dietrich Haasis / Wilfried Müller / Gerd Winter (Hrsg.)
unter Mitarbeit von Klaus Feseker / Niels Griem / Carola Spiecker

Produktionsintegrierter Umweltschutz und Eigenverantwortung der Unternehmen

Frankfurt/M., Berlin, Bern, Bruxelles, New York, Wien, 2000.
260 S., zahlr. Abb. u. Tab.
ISBN 3-631-35218-2 · br. DM 68.–*

„Vom additiven zum produktionsintegrierten Umweltschutz" – so ist der seit Ende der achtziger Jahre im industriellen Umweltschutz sich durchsetzende Wandel am besten zu charakterisieren. Die Realisierung produktionsintegrierter Umweltschutzmaßnahmen stellt für die Rechtswissenschaften, die Betriebswirtschaftslehre und die (Arbeits-)Soziologie interessante theoretische und empirische Herausforderungen dar. Denn generell ist mit der Notwendigkeit einer Implementation von Umweltschutzmaßnahmen dieser Qualität eine Erweiterung der rechtlichen, technischen, organisatorischen und betriebswirtschaftlichen Komplexität verbunden. In diesem Sammelband werden hierfür theoretisch begründete Handlungsempfehlungen entwickelt, mit denen auch weiterhin vorhandene Innovationsbarrieren, gerade in kleinen und mittleren Unternehmen, überwunden werden können.

Aus dem Inhalt: Produktionsintegrierter Umweltschutz aus Sicht der Rechts-, Wirtschafts- und Sozialwissenschaften · Wirtschaftliche Entscheidungen im produktionsintegrierten Umweltschutz · Inner- und überbetriebliche Handlungsbeziehungen bei umwelttechnischen Innovationen · Förderung oder Behinderung produktionsintegrierten Umweltschutzes durch Umweltrecht?

Frankfurt/M · Berlin · Bern · Bruxelles · New York · Oxford · Wien
Auslieferung: Verlag Peter Lang AG
Jupiterstr. 15, CH-3000 Bern 15
Telefax (004131) 9402131
*inklusive Mehrwertsteuer
Preisänderungen vorbehalten

FSC
www.fsc.org
MIX
Papier | Fördert
gute Waldnutzung
FSC® C083411

Kolibri 360 GmbH
Ferdinand-Jühlke-Straße 7
99095 Erfurt, Deutschland
produktsicherheit@kolibri360.de

Druck:
CPI Druckdienstleistungen GmbH
im Auftrag der
Kolibri 360 GmbH
Ferdinand-Jühlke-Str. 7
99095 Erfurt